BRIGITTE SPRINGER

Eine weihnachtliche Reise

durch Deutschland, Österreich, die Schweiz und Südtirol

REGIONALTYPISCHE BRÄUCHE · LIEDER · BASTELEIEN · REZEPTE

BRIGITTE SPRINGER

Eine weihnachtliche Reise

durch Deutschland, Österreich, die Schweiz und Südtirol

REGIONALTYPISCHE BRÄUCHE · LIEDER · BASTELEIEN · REZEPTE

MOEWIG

SÜDTIROL

DEUTSCHSPRACHIGE SCHWEIZ

ANHANG

Herzlichen Weihnachtsgruß

Fröhliche Weihnachten!

Guade Weihnacht!

E glöcksälige Wiehnacht!

Die schönste Zeit des Jahres bestimmen lieb gewonnene, familiäre Rituale und uralte Bräuche. Mit ihnen verbinden wir Kindheitserinnerungen, schöne Stunden im Kreise der Familie und das ungeduldige Warten auf das Weihnachtsfest.

Von der See bis zu den Alpen finden sich die unterschiedlichsten Bräuche und Traditionen und ebenso viele schöne Gemeinsamkeiten. Die Tradition, sich einen Adventskranz in die gute Stube zu stellen, gibt es überall. Größere Unterschiede existieren da schon bei den Gabenbringern. In Norddeutschland ist es traditionell der Weihnachtsmann, der übrigens eine deutsche Erfindung ist. Im süddeutschen Raum, in Österreich und Südtirol kommt das Christkind. In der deutschsprachigen Schweiz kennt man das Christkind erst seit 150 Jahren und es ist eigentlich auch schon wieder am Verschwinden. Dafür herrschen hier die uralten Chlausenbräuche. Der hl. Nikolaus kommt selbstverständlich auch in Deutschland, Österreich und Südtirol. Er bestraft überall die bösen Kinder und beschenkt die braven. Doch nicht überall kommt er an seinem Namenstag, dem 6. Dezember. Je nach Region ändern sich auch seine Begleiter. In Österreich und der deutschsprachigen Schweiz sind es oft ganze Scharen von Begleitern, die besinnlich, aber auch wild durch die Ortschaften ziehen.

Sie werden bei dieser weihnachtlichen Reise viel Altes und Neues entdecken, die Ursprünge mancher Tradition kennenlernen und vielleicht auch ein wenig überrascht sein.

Lassen Sie sich von den vielen, wunderschönen regionalen Märkten in der Vorweihnachtszeit verzaubern.

Vielleicht regt Sie das Buch dazu an, Altes zu bewahren oder wiederzuentdecken und Neues auszuprobieren.

Beginnen Sie eine weihnachtliche Reise durch Deutschland, Österreich, Südtirol und die deutschsprachige Schweiz.

AN DER NORD- UND OSTSEE

Schleswig-Holstein, Hamburg und Mecklenburg-Vorpommern

Ich komme von weit,
hab' nicht viel Zeit,
darum haltet Speis und Trank bereit.
Der Stern scheint blank,
ich bleib nicht lang,
behüt Euch Gott,
habt schönen Dank.
SCHLESWIG

Winterlandschaft in der Marsch in Schleswig-Holstein

Wenn die kalten Winterwinde mit Schnee und Eis über die See fegen, nimmt das Leben auf den Friesischen Inseln und Halligen einen beschaulicheren Gang. Hier ist sie noch zu finden – die stille Zeit des Jahres. Während eine steife Brise um die Häuser pfeift, machen die Menschen es sich drinnen gemütlich. Bei einem heißen Grog oder einem wärmenden Friesentee mit einem Schuss Rum sitzen sie zusammen und erzählen. Dabei genießen sie frisch gebackene Waffeln mit Zimtsahne oder ein Stück braunen Kuchen. Die Kinder dürfen beim Backen des Saure-Sahne-Gebäcks und zarter Mandelbögen helfen. In der guten Stube wird nun der Jöölboom ins Fenster gestellt. Früher schmückten den Friesenbaum ausschließlich Tiere und die christlichen Symbole von Adam und Eva. Heute hängen an ihm auch Sterne, Engel und andere weihnachtliche Dekorationen. Der Kinken- oder Kenkenbuum, wie er auf Föhr, Amrum und den Halligen heißt, spiegelt den ganzen Charme Frieslands und seiner nordischen Herkunft – nicht nur zur Weihnachtszeit – wider. Auf der Insel Hiddensee gibt es einen Verwandten des Friesenbaums. Hier heißt er Bügelbaum und besteht aus zwei senkrecht übereinander stehenden Reifenpaaren.

Am 6. Dezember ist es für die Kleinen dann so weit, der Nikolaus kommt. Auf den Zusatz „heilig" verzichten die meisten Menschen im Norden. In Ostfriesland tritt er als strenger Sünnerklaas auf, auf der Insel Wangerooge als Sunner Klaus und in Mecklenburg als Ruhklas. Aber egal, wie die Kinder ihn auch nennen, am wichtigsten ist, dass der Nikolaus viele süße Sachen in den Gabenteller legt und seine Rute zu Hause vergessen hat. Oft bringt der Nikolaus, der übrigens eine Mitra und das Gewand eines Bischofs trägt, schon den Tannenbaum mit auf die Insel.

Wenn in Hamburg am Heiligen Abend die Glöckchen erklingen, kommt zu den Kindern der Klinggeest in Begleitung des Weihnachtsmanns. Ursprünglich brachte der hl. Nikolaus den Kindern im Norden die Geschenke. Erst durch Martin Luther, der das Christkind als Gegenstück zum Nikolaus schuf, avancierte der Nikolaus und später der Weihnachtsmann zum Gehilfen. In Hamburg kann man den Klinggeest oder Kindjes, wie er in Schleswig-Holstein heißt, auf einem der vielen Weihnachtsmärkte treffen. Den ältesten Hamburger Weihnachtsmarkt gibt es in Bergedorf am Wasserschloss. Hier geht es zwischen Giebelhäusern und den Märchenfiguren auf dem Schlossteich festlich zu. Am Jungfernstieg in der Hamburger Innenstadt liegen fünf Märchenschiffe, die Kinder zum Träumen einladen. Zwischen all den wunderschön gestalteten Märchenszenen werden auch bei den Erwachsenen Erinnerungen an die eigene Kindheit wach. In das Märchen „Sterntaler" fühlt man sich beim Anblick des Feuerwerks „Weihnachtssterne über Hamburg" versetzt. Eine sehr heimelige Atmosphäre verbreiten auch die dänische, finnische, norwegische und die schwedische Seemannskirche in der Nähe der Landungsbrücken. Dort findet jeweils bereits gegen Ende November ein Weihnachtsbasar mit nordischen Spezialitäten statt. Wer nach einem Geschenk für seine Lieben sucht, wird hier bestimmt fündig.

Wo die Wiege des Adventskranzes steht. Im 19. Jahrhundert wollte der evangelische Pfarrer Johann Hinrich Wichern (1808–1881) als Leiter der Betreuungsanstalt „Rauhes Haus" in Hamburg den Kindern die Adventszeit erhellen. Er bemerkte, wie wichtig das Warten auf das näher rückende Weihnachtsfest für die Waisen war, die ihn täglich fragten, wann denn endlich Weihnachten sei. Es bot nicht nur eine Abwechslung in ihrem kargen Alltag, sondern barg auch die Hoffnung auf ein glanzvolleres Leben.

Johann Hinrich Wichern baute 1839 aus einem alten Wagenrad einen großen Holzkranz mit 19 roten und vier weißen Kerzen. Die weißen Kerzen standen für die Adventssonntage und die roten für die Werktage. Täglich zündete er zusammen mit den Kindern eine Kerze an. Dazu sangen sie Weihnachtslieder und erzählten Geschichten. Ab 1851 wurde der Holzreifen festlich mit Tannenreisig geschmückt und ließ die Augen der Kinder erstrahlen. Im Laufe der Zeit übernahmen die evangelischen Haushalte den Adventskranz in kleinerer Form mit vier Kerzen. Die katholische Kirche übernahm ihn erst 1925. Im süddeutschen Raum dauerte es aber noch gut 30 Jahre, bis er seinen Platz in den Wohnzimmern bekam.

Heute ist er als das Symbol für die Adventszeit und das Warten auf die Geburt Jesus nicht mehr wegzudenken.

Johann Hinrich Wichern

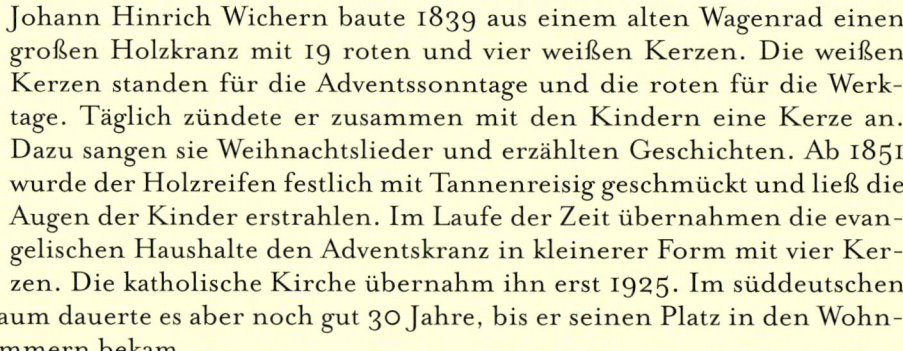

Den längsten Adventskalender der Welt können Besucher in dem malerischen Städtchen Tönning an der Eider bewundern. Hier wird in der Adventszeit das denkmalgeschützte Kanalpackhaus im Hafen zum Adventskalender umgestaltet. Hinter jeder Tür verbirgt sich eine vorweihnachtliche Attraktion und lockt die Besucher an. Bei schönem Winterwetter lässt sich die Vorweihnachtszeit bei einem anschließenden Spaziergang am Kanal und in Tönning von seiner ruhigen Seite genießen.

Das Packhaus in Tönning

Wenn der Nachmittag merklich in den Abend übergeht, beginnt die stimmungsvolle Zeit. Nun ist es Zeit, um einen der vielen regionalen Weihnachtsmärkte in Schleswig-Holstein zu besuchen. Als einer der schönsten gilt der in Husum, der Heimatstadt von Theodor Storm. Husum präsentiert sich mit einem lebendigen Adventskalender und dem größten Adventskranz Deutschlands. Aber auch in Heide, auf einer Western-Weihnacht in Bad Segeberg, in Flensburg oder im Lichterglanz des Eutiner Weihnachtsmarkts lässt es sich hervorragend bei einer Tasse Punsch klönen. Der „Mäkleborger Weihnachtsmarkt" lädt in Schwerin zum „Kieken und Köpen" ein. In der UNESCO-Welterbestadt Stralsund mit seinem gotischen Rathaus, den Kaufmanns- und Bürgerhäusern verschmilzt stimmungsvolle weihnachtliche Atmosphäre mit hanseatischem Altstadtflair.

Nirgends duftet das Marzipan so köstlich wie in Lübeck. Weihnachten ohne Marzipan – das ist undenkbar. Was wären all die Stollen, Torten und bunten Teller ohne es? Auf dem 1648 erstmals urkundlich erwähnten Lübecker Weihnachtsmarkt duftet es natürlich nicht nur nach dem berühmten Lübecker Marzipan.
Schon Thomas Mann schrieb über den Lübecker Weihnachtsmarkt: „Und wo man ging, atmete man mit dem Duft der zum Kauf angebotenen Tannenbäume das Aroma des Festes ein." Wer auf Thomas Manns Spuren in der Vorweihnachtszeit wandelt, gelangt automatisch zum Märchenwald vor dem Buddenbrookhaus. Unbeschreiblich schöne Eindrücke erwarten Besucher aber auch bei einem Abstecher in das Heiligen-Geist-Hospital und die St. Petri Kirche, zwei wahren Juwelen der Backsteingotik. In den alten historischen Gebäuden wird neues und altes Kunsthandwerk angeboten.

Eine eisige Tradition in Mecklenburg-Vorpommern ist das seit den 50er Jahren populäre Winterschwimmen in der Adventszeit. Nicht nur in Plauen am See, auch in der frostigen Ostsee trifft man sich zum gemeinsamen

Baden im kalten Wasser. Hinterher wärmen sich die Schwimmer gern mit einem heißen Glühwein oder Punsch auf. In Rostock findet alljährlich zu Weihnachten das Weihnachtsschwimmen statt.

Ein freudiger Höhepunkt in der Hansestadt Rostock ist der Einzug des Weihnachtsmanns zur Eröffnung des Weihnachtsmarkts. Dort hält er auch fast täglich seine Sprechstunde für die Kinder ab und nimmt ihre Wunschzettel entgegen.

Auf der Märchenbühne sitzt täglich die Märchentante und entführt die Kinder in das Reich der Fantasie.

Der Weihnachtsmann reist mit dem Schiff aus dem hohen Norden über die Ostsee an. In Mecklenburg-Vorpommern kam auch früher schon der Weihnachtsmann am Heiligen Abend als Gabenbringer zu den Kindern. In Wismar erwarten ihn viele Kinder zur Eröffnung des Weihnachtsmarkts am alten Hafen. Zusammen mit Märchenfiguren wie Hänsel und Gretel fährt er in einer Kutsche zum Rathausplatz. Vom Balkon des Rathauses begrüßen ihn die Blechbläser mit weihnachtlichen Weisen. Von überall duftet es nach Glühwein, Schmalzgebäck, gebrannten Mandeln und anderen Köstlichkeiten. Ein Lichtermeer erhellt die altehrwürdigen Giebelhäuser und die Wasserkunst. Mehrmals in der Woche gibt es vor der Wasserkunst Erzählungen vom „Trommelschläger von Wismar" – auf Hochdeutsch und Platt.

Eine Weihnachtswelt am Meer. Einen Adventsmarkt zwischen wunderschöner Bäderarchitektur bietet die Insel Usedom. Hier lässt es sich herrlich flanieren, immer mit Blick auf das Meer.

Schleswig-Holstein und Mecklenburg-Vorpommern verzaubern mit ihrer nordischen Architektur und den reizvollen Landschaften zur Weihnachtszeit. Diese besondere Atmosphäre regte einst Gustav Falke zu seinem Gedicht „Weihnachtswunder" an, das er in Schleswig-Holstein schrieb. An die lieben Kleinen in Mecklenburg-Vorpommern dachte Heinrich Seidel wohl beim Schreiben des Gedichts „Der kleine Nimmersatt".

Weihnachtswunder

Durch den Flockenfall
klingt süßer Glockenschall,
ist in der Winternacht
ein süßer Mund erwacht.

Herz, was zitterst du
den süßen Glocken zu?
Was rührt den tiefen Grund
dir auf der süße Mund?

Was verloren war
du meintest, immerdar,
das kehrt nun all' zurück,
ein selig Kinderglück.

O du Nacht des Herrn
Mit deinem Liebesstern,
aus deinem reichen Schoß
ringt sich ein Wunder los.

GUSTAV FALKE

Winter auf Föhr

Weihnachtsmarkt in Stralsund

Der kleine Nimmersatt

Ich wünsche mir ein Schaukelpferd
'ne Festung und Soldaten
und eine Rüstung und ein Schwert,
wie sie die Ritter haben.

Drei Märchenbücher wünsch' ich mir
und Farben auch zum Malen
und Bilderbogen und Papier
und Gold- und Silberschalen.

Ein Domino, ein Lottospiel,
ein Kasperltheater,
auch einen neuen Pinselstiel
vergiss nicht, lieber Vater

Ein Zelt und sechs Kanonen dann
und einen neuen Wagen
und ein Geschirr mit Schellen dran,
beim Pferdespiel zu tragen

Ein Perspektiv, ein Zootrop,
'ne magische Laterne,
ein Brennglas, ein Kaleidoskop-
dies alles hätt' ich gerne.

Mir fehlt — ihr wisst es sicherlich —
gar ein neuer Schlitten,
und auch um Schlittschuh' möchte ich
noch ganz besonders bitten.

Und weiße Tiere auch von Holz
und farbige von Pappe,
und einen Helm mit Federn stolz
und eine Flechtenmappe.

Auch einen großen Tannenbaum,
dran hundert Lichter glänzen,
und Marzipan und Zuckerschaum
und Schokoladenkränzen.

Doch dünkt dies alles euch zu viel,
und wollt ihr daraus wählen,
so könnte wohl der Pinselstiel
und auch die Mappe fehlen.

Als Hänschen so gesprochen hat,
sieht man die Eltern lachen:
„Was willst du kleiner Nimmersatt,
mit all den vielen Sachen?

Wer so viel wünscht" — der Vater spricht's -
„bekommt auch nicht ein Achtel -
der kriegt ein ganz klein wenig Nichts
in einer Dreierschachtel."

HEINRICH SEIDEL

Weihnachtsgans Mecklenburger Art

ZUTATEN FÜR 4–6 PERSONEN

1 Gans von 3 kg
2 Zwiebeln
Gemüsebund, bestehend aus Porree, Möhre und
   Sellerie
1 Lorbeerblatt
einige Pimentkörner
einige Pfefferkörner
Salz
   FÜLLUNG:
500 g entsteinte Backpflaumen
500 g feste Äpfel

250 g Rosinen
100 g Semmelbrösel
⅛ l Madeira
weißer Pfeffer, Salz
Majoran
   AUSSERDEM:
100 g kalte Butter
Öl zum Anbraten

ZUBEREITUNG

¶ Die Gans waschen, dabei eventuell vorhandene Innereien entfernen und unter fließendem Wasser waschen. Danach trocken tupfen, von innen und außen salzen und pfeffern.

¶ Die Backpflaumen in dem Madeira marinieren, die Äpfel entkernen und in Würfel schneiden, die Rosinen waschen. Die abgetropften Backpflaumen, Äpfel und Rosinen mit den Semmelbröseln vermengen. Masse mit Pfeffer, Salz und Majoran würzen.

¶ Die Gans mit der Obstfüllung füllen und die Öffnung mit Küchengarn verschließen.

¶ Die Gans im heißen Öl im Bräter auf dem Herd von allen Seiten anbraten.

¶ Das Gemüse putzen und klein schneiden. Zusammen mit den Gewürzen in den Bräter geben. Mit etwas Wasser ablöschen, sodass der Boden gut bedeckt ist. Den Deckel auf den Bräter legen und die Gans circa 20 Minuten schmoren lassen.

¶ Anschließend den Bräter in den auf 250 °C vorgeheizten Backofen stellen. Nach weiteren 20 Minuten erstmals den Deckel öffnen und die Gans umdrehen. Wieder etwas Wasser nachfüllen und die Gans alle 10 Minuten mit dem Bratensaft begießen. Bei Bedarf erneut etwas Wasser zugeben.

¶ Nach 2 Stunden mit der Gabel prüfen, ob die Gans gar ist.

¶ Dann die Gans auf eine Platte geben und warm stellen.

¶ Den Bratensaft durch ein Sieb in einen Topf geben, mit dem restlichen Madeira (von den Backpflaumen) auffüllen und aufkochen lassen. Mit der kalten Butter binden und nochmals abschmecken.

¶ Die Gans tranchieren und zusammen mit Salzkartoffeln und verschiedenen Kohlarten servieren.

Weihnachtsschinken

ZUTATEN FÜR 8–10 PERSONEN

3 kg leicht gepökeltes Bratenstück aus der Keule
(ohne Fett und Schwarte, beim Metzger
vorbestellen)
2 Lorbeerblätter
15 weiße Pfefferkörner
1 Eiweiß
2 EL Senf
1 EL Zucker
4–6 EL Semmelbrösel
AUSSERDEM:
einige Bratäpfel
in Rotwein gegarte Backpflaumen (entkernt)

ZUBEREITUNG

¶ Den Schinken in einen Topf geben und knapp
mit Wasser bedecken, erhitzen. Lorbeerblätter
und Pfefferkörner dazugeben und etwa 2,5 Stunden kochen.

¶ Den Schinken aus dem Sud nehmen und abtropfen lassen. Eiweiß, Senf und Zucker verrühren und den Schinken damit einstreichen. Dick
mit Semmelbröseln bestreuen.

¶ Den Schinken in eine Fettpfanne oder Auf-
laufform legen, in den auf 180–220 °C vorgeheizten Backofen schieben und etwa 30 Minuten
goldbraun backen.

¶ Den Schinken vor dem Aufschneiden 5 Minuten ruhen lassen, damit der Saft nicht austritt.
Auf einer Platte mit den Bratäpfeln und Backpflaumen anrichten.

¶ Dazu Kartoffelsalat, grünen Salat und Sellerie-
salat reichen.

Saure-Sahne-Gebäck

ZUTATEN FÜR CIRCA 50 STÜCK

250 g Mehl
175 g kalte Butter
100 g saure Sahne
1 Eigelb
30 g Zucker
½ TL Zimt

ZUBEREITUNG

¶ Das Mehl auf die Arbeitsfläche häufen. Klein-
geschnittene Butter und saure Sahne darauf
geben. Alles mit einem großen Messer durchha-
cken. Mit bemehlten Händen rasch zu einem
Mürbeteig verkneten. Eine Kugel aus dem Teig
formen und in Folie gewickelt 1 Stunde im Kühlschrank kalt stellen.

¶ Den Teig zwischen zwei Lagen leicht bemehlter
Klarsichtfolie circa 4 mm dick ausrollen. Runde
Plätzchen ausstechen und mit verquirltem Eigelb
bestreichen. Auf ein mit Backpapier ausgelegtes
Backblech setzen.

¶ Zucker und Zimt mischen und darüber
streuen.

¶ Im vorgeheizten Backofen bei mittlerer Hitze
auf der mittleren Schiene 10–12 Minuten backen.

¶ Auf einem Kuchengitter abkühlen lassen.

Sanddorneis mit eingelegtem Obst

ZUTATEN FÜR 4 PERSONEN

FÜR DAS OBST:
⅛ l trockener Rotwein
2 EL Orangenlikör
1 unbehandelte Orange
1 EL Apfelkraut
½ TL Lebkuchengewürz
250 g gemischtes Trockenobst
FÜR DAS EIS:
1 Ei
2 EL ungesüßter Sanddornsirup
1 EL Ahornsirup
⅛ l Sahne

ZUBEREITUNG

❡ Für das Obst den Wein mit dem Orangenlikör, der abgeriebenen Orangenschale, Orangensaft, Apfelkraut und Lebkuchengewürz in einem Topf mit dem Trockenobst vermischen.

❡ Einmal aufkochen lassen und zugedeckt auf der abgeschalteten Kochstelle 5 Minuten ziehen lassen. Abkühlen lassen und in einer Schüssel zugedeckt in den Kühlschrank stellen, bis das Eis fertig ist.

❡ Für das Eis das Ei mit dem Sanddorn- und Ahornsirup in eine Schüssel geben und mit dem Quirl des Handrührgeräts zu einer dicken Creme aufschlagen. Die steif geschlagene Sahne mit dem Schneebesen nach und nach darunter ziehen.

❡ Die Creme zugedeckt im Gefrierfach des Kühlschranks in etwa 4 Stunden fest werden lassen. Dabei alle 45 Minuten kräftig durchrühren, damit sich keine großen Eiskristalle bilden. Ungefähr 30 Minuten vor dem Servieren herausnehmen, damit es geschmeidig wird.

❡ Zum Servieren das eingelegte Obst auf Tellern verteilen. Das Eis mit einem Esslöffel oder einem Portionierer abstechen und neben dem Obst anrichten.

Sassnitzer Rolle

110 g Butter
40 g Puderzucker
125 g Mehl
1 Eigelb
Hagelzucker zum Bestreuen
nach Geschmack Zitronensaft oder
    Vanille-Aroma

ZUBEREITUNG

❡ Butter und Zucker schaumig rühren, die übrigen Zutaten hinzugeben und schnell zu einer oder mehreren Teigrollen mit einem Durchmesser von circa 3 cm formen. Über Nacht zugedeckt ruhen lassen.

❡ Am nächsten Tag die Rollen großzügig mit Eigelb bepinseln, in Hagelzucker wenden und in schmale Streifen von circa 5 mm schneiden.

❡ Auf ein mit Backpapier ausgelegtes Backblech setzen und im vorgeheizten Backofen bei mittlerer Hitze hellgelb backen.

Am Weihnachtsbaume die Lichter brennen

1. Am Weih-nachts-bau-me die Lich-ter bren-nen, wie glänzt er fest-lich, lieb und mild, als spräch er: „Wollt in mir er-ken-nen ge-treu-er Hoff-nung stil-les Bild."

2. *Zwei Engel sind hereingetreten,*
kein Auge hat sie kommen sehn;
sie gehen zum Weihnachtsbaum und beten
und wenden wieder sich und gehen.

3. *Gesegnet seid ihr alten Leute,*
gesegnet sei du kleine Schar!
Wir bringen Gottes Segen heute
Dem braunen wie dem weißen Haar.

4. *Kein Ohr hat ihren Spruch vernommen,*
unsichtbar jedes Menschen Blick
sind sie gegangen wie gekommen,
doch Gottes Segen blieb zurück.

* *

Jöölboom

MATERIAL

1 Fensterbaum aus dem Bastelladen, fertig zum
    Aufstellen, 60 cm hoch
Buchsbaum-, Immergrün- oder Efeuzweige
Tannenzapfen und Anhänger
rotes Schleifenband
rote Christbaumkerzen

ANLEITUNG

¶ Um das Holzgestell des Baums die Zweige aus
Buchsbaum, Immergrün oder Efeu winden und
gut befestigen. Tannenzapfen und Anhänger an
rotem Schleifenband an die horizontalen Arme
des Baums binden und an den Enden der Arme
jeweils eine Kerze befestigen.

OSTFRIESLAND, LÜNEBURGER HEIDE UND DER HARZ

Niedersachsen und Bremen

Wer kommt da geritten?
Herr Wude Wude Nikolaus,
lass mich nicht lange bitten
und schüttle deinen Beutel aus.

Blick auf den Weihnachtsmarkt In Lüneburg

Der Nikolaus kommt in Lüneburg am 5. Dezember. Bereits am Vorabend vor dem eigentlichen Nikolaustag reist der heilige Mann in die alte Salz- und Hansestadt Lüneburg. Als Patron der Schiffer kommt er in einem Boot der DLRG. In seiner Begleitung sind immer 20 Kinder verschiedener Nationalitäten. Im historischen Hafen von Lüneburg wartet Knecht Ruprecht mit seinem treuen Esel bereits voller Ungeduld auf den heiligen Mann. Bis zu tausend Kinder bereiten dem Nikolaus einen stürmischen Empfang. Zusammen mit einem Posaunenchor ziehen sie dann in einer feierlichen Lichterprozession zur St. Nicolai Kirche. Dort findet ein speziell für diesen Anlass von Peter Janssen komponiertes Singspiel statt. Im Anschluss geht es in die Fußgängerzone auf den Weihnachtsmarkt. Am 4. Advent wartet hier noch ein weiteres Ereignis auf die Kinder: Sie dürfen das Knusperhäuschen auf dem Marktplatz plündern und vernaschen.

Orgelkonzerte, märchenhafte Theateraufführungen und weihnachtliche Ausstellungen locken viele Menschen in der Vorweihnachtszeit nach Bremen. Rund um das erleuchtete Rathaus und den Roland findet der festliche Weihnachtsmarkt mit über 160 Ständen satt. Während der Duft von Zimt, Bratäpfeln und Glühwein in der Luft liegt, laden die geschmückten Stände mit ihren Auslagen zum Bummeln und Staunen ein. Umgeben von der beeindruckenden Kulisse der St. Lamberti Kirche und dem Oldenburger Schloss bietet der Lambertimarkt rund 120 Stände und erfreut die Besucher mit seinen Angeboten. An den Sonnabenden erklingen festliche Posaunenklänge vom Balkon des Rathauses. Ab dem 6. Dezember besucht der Nikolaus die Kinder täglich auf dem Weihnachtsmarkt.

Eine Tasse voll Gemütlichkeit und Wärme. Die Ostfriesen sind dafür bekannt, die größten Teetrinker Deutschlands zu sein. Was liegt da näher, als vor allem in der kalten Jahreszeit eine gemütliche Teezeremonie zu genießen. Durch die gute Stube weht ein Duft von zartem Buttergebäck, Küsterkuchen und feiner Teecreme. Die Kinder spielen auf der Blockflöte und der Weihnachtsbaum spiegelt den Glanz von Weihnachten wider. In Ostfriesland gibt es verschiedene Varianten der Teezubereitung. Auf der Insel Norderney, in Dornum, Marienhafen und Stickhausen bei Detern bevorzugen Teetrinker die folgende Variante:

In eine vorgewärmte Teekanne gibt man so viel Teelöffel schwarzen Ostfriesentee, wie Tassen getrunken werden sollen. Dazu kommt noch ein Teelöffel für die Kanne. Gleichzeitig wird Wasser zum Kochen gebracht, es darf aber nur ganz kurz „brusen" und wird dann über den Tee gegossen. Nach fünf Minuten Ziehen gießt man den Tee durch ein Sieb in eine zweite, vorgewärmte Teekanne und serviert ihn. In die Teetasse kommen ein bis zwei Kluntje, das sind große Stücke Kandis. Darauf wird der Tee gegossen, wodurch der Kandis schön knistert. Danach gibt man einen Löffel Sahne nah am Tassenrand in den Tee, ohne diese jedoch zu verrühren. Die Sahne bildet im Tee ein Wölkchen. Beim Trinken soll man zuerst den bitteren Tee schmecken, dann die sanfte Sahne und schließlich die Süße des Kandiszuckers. Bei der zweiten und dritten Tasse darf je nach Belieben umgerührt werden. Nach der dritten Tasse stellt man den Teelöffel in die

Teedose mit Becher in Friesisch Blau

Tasse – als Zeichen dafür, dass erst einmal Schluss ist. Bis zu den nächsten drei Tassen. Es gilt als unhöflich, die Dreierfolge nicht einzuhalten. In der Gegenwart eines Ostfriesen sollte man auch nie von gekochtem Tee reden. Tee wird nicht gekocht, sondern aufgebrüht. So eine Teestunde bietet eine gute Gelegenheit, um an den Weihnachtsmann oder das Christkind zu schreiben. Denn je nach Region kommt in Niedersachen das Christkind oder der Weihnachtsmann am Heiligen Abend.

Es gibt drei Weihnachtspostämter in Niedersachsen. Wer an den Weihnachtsmann schreiben will, kann die folgenden zwei Adressen benutzen: An den Weihnachtsmann im Nikolausdorf, 49681 Garrel, und: An den Weihnachtsmann in 21709 Himmelspforten. Wer an das Christkind und damit auch an das bundesweit älteste Weihnachtspostamt schreiben möchte, adressiert seine Post folgendermaßen: An das Christkind, Himmlisches Postamt, In Himmelsthür, 31137 Hildesheim.

Wo mittelalterliche Beschaulichkeit wieder aufblüht. Schon vor 150 Jahren feierte man in Hannover auf dem Altstädter Marktplatz einen Christmarkt, der drei Tage bis zum Weihnachtsfest dauerte. Ein Erlebnis der besonderen Art bietet der Rundgang im historischen Weihnachtsdorf, wo mittelalterliches Stadtleben wieder aufblüht. Sternenförmig sind die Marktbuden rund um den Adlerbrunnen in Goslar aufgestellt. Ein großer Lampionumzug, ein überdimensionaler Adventskalender und der Weihnachtswald gelten als Hauptanziehungspunkte dieses Weihnachtsmarkts. Bei einem Spaziergang durch den Wald finden Besucher unter den verschieden geschmückten Tannenbäumen bestimmt eine Anregung für zu Hause – und den passenden Christbaumschmuck gibt es auf dem Weihnachtsmarkt.

Der Stern

Hätt' einer auch fast mehr Verstand
als wie die drei Weisen aus dem Morgenland
und ließe sich dünken, er wäre wohl nie
dem Sternlein nachgereist wie sie;
dennoch, wenn nun das Weihnachtsfest
seine Lichtlein wonniglich scheinen läst,
fällt auch auf sein verständig Gesicht,
er mag es merken oder nicht,
ein freundlicher Strahl
des Wundersternes von dazumal.
WILHELM BUSCH

Heidschnuckenrücken in Wacholdersahne

ZUTATEN FÜR 4–6 PORTIONEN

2 Zwiebeln
2 Möhren
2 Lorbeerblätter
1 EL Pfefferkörner
1 Nelke
1 TL Wacholderbeeren
⅛ l Essig
⅛ l Rotwein
Salz
1 Heidschnuckenrücken (etwa 1 kg)
2 EL Butter
250 g frische Champignons
¼ l saure Sahne
1 TL Zucker
Pfeffer aus der Mühle
4 EL Portwein

ZUBEREITUNG

¶ Die Zwiebeln schälen und achteln. Die Möhren putzen und in Stifte schneiden. Beides mit Lorbeerblättern, Pfefferkörnern, Nelke, Wacholderbeeren, Essig und Rotwein in eine Schüssel geben. Die Beize vorsichtig salzen. Den Heidschnuckenrücken für 2 bis 3 Tage in die Beize legen, ab und zu wenden.

¶ Am Zubereitungstag den Rücken aus der Beize nehmen, trocken tupfen und mit Salz würzen. Die Beize durch ein Sieb gießen und beiseite stellen.

¶ Die Butter in einem Bräter heiß werden lassen. Den Rücken darin von allen Seiten anbraten, dann mit einer Tasse Beize ablöschen. Den Bräter in den vorgeheizten Backofen schieben, den Rücken bei 200 °C circa 1,5 Stunden schmoren.

¶ Etwa 50 Minuten vor Ende der Garzeit die Champignons putzen, möglichst nicht waschen, in feine Scheiben schneiden und auf den Heidschnuckenrücken geben. Jetzt einen Deckel auf den Bräter legen. Nach der Bratzeit den Rücken herausnehmen und warm stellen.

¶ Den Bratenfond mit saurer Sahne loskochen, dann mit Zucker, Pfeffer und Salz abschmecken und zum Schluss mit dem Portwein abrunden.

¶ Den Rücken auf einer vorgewärmten Platte mit Rotkohl, Klößen und Preiselbeermark anrichten.

Welfenpudding

ZUTATEN FÜR 4–6 PERSONEN

½ l Milch
120 g Zucker
1 Päckchen Vanillezucker
1 Prise Salz
40 g Speisestärke
4 Eier, getrennt
1 EL Zitronensaft
¼ l Weißwein
10 g Speisestärke

ZUBEREITUNG

¶ Das Eiweiß steif schlagen. Die Milch (4–6 EL zum Anrühren der Speisestärke zurückbehalten) mit 40 g Zucker und Salz aufkochen. Speisestärke mit 2–3 EL anrühren und in die Milch geben. Den Pudding unter kräftigem Rühren nochmals aufkochen lassen, erst dann das steif geschlagene Eiweiß unterheben. Die Masse in eine Glasschale füllen (höchstens halbvoll) und kalt werden lassen.

¶ Für den Weinschaum gibt man das Eigelb, 80 g Zucker, Zitronensaft, Wein, die mit den übrigen 3 EL Milch angerührte Speisestärke in einen engen hohen Topf und verrührt die Zutaten. Dann die Masse unter Rühren bei milder Hitze so lange erhitzen, bis sie aufsteigt und schaumig wird. Den Topf vom Herd nehmen, den Weinschaum noch 5 Minuten weiterschlagen, bis er etwas abgekühlt ist.

¶ Erst jetzt löffelweise auf den weißen Pudding heben. Dieser muss schon kalt sein, wenn der Weinschaum darauf gegeben wird, sonst vermischt er sich mit ihm und wird wieder dünn.

Grafschafter Weihnachtskuchen

ZUTATEN

3 Eier
50 g Zuckerrübensirup
1 Prise Salz
125 g weiche Butter
4 cl Weinbrand
100 g gemahlene Haselnüsse
100 g Hirseflocken
50 g Weizenmehl
½ Päckchen Backpulver
200 g über Nacht eingeweichte, getrocknete Aprikosen
je 100 g Zitronat und Orangeat
Butter für die Form

ZUBEREITUNG

¶ Die Eier mit Zuckerrübensirup und Salz schaumig rühren. Nach und nach die Butter, den Weinbrand und die Haselnüsse untermischen. Hirseflocken, Mehl und Backpulver esslöffelweise unter die Masse rühren.

¶ Die Aprikosen abtropfen lassen und würfeln. Zusammen mit Zitronat und Orangeat unter den Teig heben.

¶ Den Früchteteig in eine gut gefettete Kastenform füllen und glatt streichen.

¶ Im vorgeheizten Backofen bei 180 °C circa 80 Minuten backen. Den Kuchen nach der Hälfte der Backzeit mit Alufolie abdecken.

Morgen kommt der Weihnachtsmann

2. *Bring' uns lieber Weihnachtsmann,*
bring', auch morgen, bringe
einen Stall mit viel Getier,
Zottelbär und Pantertier,
Ross und Esel, Schaf und Stier,
lauter schöne Dinge.

3. *Doch du weißt ja meinen Wunsch,*
kennst ja unsre Herzen.
Kinder, Vater und Mama
und sogar der Großpapa,
alle, alle sind wir da,
warten dein mit Schmerzen.

HEINRICH HOFFMANN VON FALLERSLEBEN

Sterne und Herzen aus Scherenschnitt

MATERIAL

schwarzes Tonpapier
buntes Transparentpapier
Bleistift
Schere
Klebstoff
Klebeband

ANLEITUNG

¶ Das Tonpapier in der Mitte falten und mit dem Bleistift darauf eine Vorlage skizzieren. Mit der Schere das Motiv ausschneiden. Das Papier vorsichtig auseinanderfalten, Transparentpapier auf die ausgeschnittenen Muster in den Sternen und Herzen kleben und diese ans Fenster kleben.

ZWISCHEN BRANDENBURG UND SPREEWALD

Brandenburg und Berlin

Lieber guter Nikolaus,
lösch uns unsere Vieren aus,
mache lauter Einsen draus,
bist ein braver Nikolaus.
BERLIN

Ein Adonisgärtlein für das Christkind. In Teilen der Mark Brandenburg hat sich der Brauch, ein Adonisgärtlein anzulegen, erhalten. Der schöne Adonis gilt als Sinnbild für die alljährlich sterbende und wiedererwachende Vegetation. Das Adonisgärtlein steht daher als Symbol für die Hoffnung auf das erneute Ergrünen der Natur – und im weitesten Sinne auch für die Auferstehung Jesu Christi. Für das Adonisgärtlein werden schnell wachsende Kräuter-, Blumen- oder Getreidesamen in eine mit etwas Blumenerde gefüllte Schale gestreut und an einen hellen, warmen Ort gestellt. Werden die Samen schön feucht gehalten, fangen sie bald an zu sprießen. Das kleine Gärtlein kann man am Heiligen Abend zur Krippe unter den festlich geschmückten Christbaum stellen.

Weihnachtsmarkt in Berlin an der Gedächtniskirche

Grünkohl zur Gans am Heiligen Abend. Dass die Menschen in dieser Region zur Gans am Heiligen Abend traditionell Grünkohl essen, besagt schon eine alte Überlieferung in Berlin und der Mark Brandenburg. Sie lautet: „Grünkohl am Heiligen Abend gegessen – schützt davor, dumm zu werden."
Aber davon einmal abgesehen schmeckt es auch vorzüglich.

Den Cottbuser Weihnachtsmarkt erfüllt der Duft einer ganz speziellen Köstlichkeit. Eine in ganz Deutschland beliebte zarte Köstlichkeit wird in der Mark Brandenburg seit Generationen hergestellt: der Baumkuchen. Die Konditoren backen ihn auf einer Walze über offenem Buchenholzfeuer. Auf die Walze binden sie Papier. Nach dem Erhitzen der Walze über dem Feuer gießt der Konditor lagenweise den Kuchenteig über die Walze. So entstehen die charakteristischen Ringe. Nach dem Abkühlen des Kuchens wird – je nach Region – Zuckerguss oder Schokoladenglasur darüber gegossen. Selbstverständlich verkaufen auch Konditoreien und gut sortierte Läden im restlichen Deutschland Baumkuchen.

Weihnachtsmarkt in Cottbus

Doch ihn frisch vom Weihnachtsmarkt mit nach Hause zu nehmen und mit einer schönen Tasse Tee oder Kaffee zu genießen, ist ein besonderer Luxus in der Weihnachtszeit.

Der holländische Sinta Claas kommt mit seinem Schiff nach Potsdam. Auf seinem Pferd und in Begleitung vom schwarzen Piet reitet er dann zum stimmungsvoll beleuchteten Weihnachtsmarkt im malerischen Holländischen Viertel in Potsdam. In Brandenburg zieht dagegen der Weihnachtsmann mit einer Parade durch die Stadt. Aber nicht nur er, sondern auch viele Märchenfiguren, Karussells und hübsch dekorierte Stände locken große und kleine Besucher auf den Weihnachtsmarkt.

Königliche Weihnachten im Krongut Bornstedt. Festlich empfängt das ehemalige königliche Mustergut der Hohenzollern in Potsdam seine Gäste. Ein riesiger Weihnachtsbaum mit über 1800 Lichtern weist schon weithin sichtbar den Weg. Weitere 300 Weihnachtsbäume schmücken die Stände im Hof. Punsch und Weihnachtsstollen tun ihr Übriges, um auf eine gemütliche Weihnachtzeit einzustimmen. Zu den „romantischen Höhepunkten" zählt der Weihnachtsmarkt auf Schloss und Gut Liebenberg. Weihnachtsmann und Weihnachtsengel, eine Schauwerkstatt mit Kunsthandwerk, eine Märchenerzählerin und weihnachtliche Köstlichkeiten verbreiten eine romantische Stimmung.

Santa Lucia schreitet mit ihrem Lichterkranz durch die Dunkelheit. Am 13. Dezember weckt die Lucienbraut, in weiß gekleidet und mit einem brennenden Lichterkranz auf dem Kopf, in Schweden traditionell die Schlafenden und bringt ihnen Gebäck. Der Lucia Weihnachtsmarkt in der Kulturbrauerei am Prenzlauer Berg verwöhnt seine Besucher mit skandinavischen Köstlichkeiten. Spezialitäten und Handwerk aus Dänemark, Finnland, Schweden, Norwegen und Island versetzen die Besucher in ein Weihnachtsmärchen aus dem hohen Norden. Es gibt kaum jemanden, der den Zuckerplätzchen und Zimtschnecken widerstehen kann. Hier fühlt man sich in Astrid Lindgrens „Weihnachten in Bullerbü" versetzt.

Die heilige Lucia

Lichterketten, Bratapfel und Glühweinduft. Der historische Ortskern von Spandau verwandelt sich in der Adventszeit in einen vorweihnachtlichen Traum. Zwischen St. Nikolai Kirche, Rathaus und in den Gassen der Altstadt lässt es sich endlos an den 150 Buden vorbeibummeln. An den Wochenenden sind es sogar bis zu 400 Stände, die selbst den anspruchsvollsten Besucher befriedigen und keinen Wunsch offenlassen.

Etliche Weihnachtsmärkte bieten ein vorweihnachtliches Vergnügen in Berlin. Bei der Gedächtniskirche begrüßt eine überdimensionale Weihnachtspyramide die rund vier Millionen Besucher des Weihnachtsmarkts. Unter den Linden versetzt der „Nostalgische Weihnachtsmarkt" seine Besucher zurück in Großmutters Zeiten. Hier gibt es viel Altes neu zu entdecken, wie zum Beispiel filigrane Anhänger aus Goldpapier. In so einer behaglichen Umgebung entstand auch wohl Gottfried Kellers Gedicht „Christmarkt vor dem Berliner Schloss".

Wer doch noch Wünsche offen hat, für den gibt es auch in Brandenburg seit 1966 ein Weihnachtspostamt. Die Adresse lautet: An den Weihnachtsmann, 16798 Himmelpforten.
Das Weihnachtsdorf zwischen Havel und Woblitz ist ein beliebter Erholungsort.

Morgen, Kinder, wird's was geben

1. Mor-gen, Kin-der, wird's was_ ge-ben, mor-gen_ wer-den wir uns freun;
welch ein Ju-bel, welch ein_ Le-ben wird in_ un-serm Hau-se sein!
Ein-mal wer-den wir noch wach, hei-ssa, dann ist Weih-nachts-tag!

2. Wie wird dann die Stube glänzen
von der großen Lichterzahl!
Schöner als bei frohen Tänzen
ein geputzter Kronensaal.
Wisst ihr noch, wie vor'ges Jahr
es am Heiligen Abend war?

3. Wisst ihr noch mein Räderpferdchen,
Malchens nette Schäferin,
Jettchens Küche mit dem Herdchen
und den blankgeputzten Zinn,
Heinrichs bunter Harlekin
mit der gelben Violin?

4. Wisst ihr noch den großen Wagen
und die schöne Jagd von Blei,
uns're Kinderchen zum Tragen
und die viele Näscherei,
meinen fleißgen Sägemann
mit der Kugel unten dran?

5. Welch ein schöner Tag ist morgen!
Viele Freude hoffen wir!
Unsre lieben Eltern sorgen
lange, lange schon dafür.
O, gewiss, wer sie nicht ehrt,
ist der ganzen Lust nicht wert.

Weihnachtsmarkt in Berlin Unter den Linden

Christmarkt vor dem Berliner Schloss

Welch lustiger Wald um das hohe Schloss
hat sich zusammengefunden,
ein grünes, bewegliches Nadelgehölz,
von keiner Wurzel gebunden!

Anstatt der warmen Sonne scheint
das Rauschgold durch die Wipfel;
hier backt man Kuchen, brät man Wurst,
das Räuchlein zieht um die Gipfel.

Der eine kauft ein bescheidnes Gewächs
zu überreichen Geschenken,
der andere einen gewaltigen Strauch,
drei Nüsse daran zu henken.

Und kommt die Nacht, so singt der Wald
und wiegt sich im Gaslichtscheine;
da führt die ärmste Mutter ihr Kind
vorüber dem Zauberhaine.

GOTTFRIED KELLER

Berliner Gänsebraten mit Grünkohl

ZUTATEN FÜR 4—6 PERSONEN

1 Gans (etwa 3 kg)
1 Apfel
abgeriebene Schale von 1 Orange
abgeriebene Schale von ½ Zitrone
1 Zwiebel
Salz, Pfeffer, Beifuß

FÜR DEN GRÜNKOHL:
750 g tiefgekühlter Grünkohl
50 g fetter Speck
50 g magerer Speck
1 große Zwiebel
Salz, Pfeffer, Muskatnuss

ZUBEREITUNG

¶ Die Gans innen und außen gut abwaschen, abtropfen. Das Gänseklein gesondert verarbeiten, etwa für eine klare Brühe. Die Gans innen und außen salzen. Orangen- und Zitronenschale mit Beifuß und Pfeffer mischen. Dann die Gans mit der Gewürzmischung innen einreiben.

¶ Die geschälte Zwiebel vierteln. Den Apfel waschen, vierteln und vom Kerngehäuse befreien. Beides in die Gans füllen. Die Gans mit Küchengarn zunähen und die Keulen zusammenbinden, damit die Gans ihre Form behält. Die Halshaut am Rücken feststecken. In einen Bräter etwas Wasser geben – circa 1 cm hoch – und die Gans mit der Brustseite nach unten hineinlegen. In den vorgeheizten Ofen bei 200 °C stellen und während des Bratens öfters mit dem Bratensaft begießen. Bei Bedarf Wasser hinzufügen. Nach ungefähr 2 Stunden die Gans einmal wenden, damit sie rundherum bräunt. Auf die Brust etwas kaltes Wasser und ein wenig Salz geben, so wird die Haut schön knusprig.

¶ Die Gans tranchieren und auf einer Platte warm stellen. Die Soße durch ein Sieb in einen Topf geben und binden.

¶ In der Zwischenzeit den Grünkohl bei kleiner Flamme auftauen lassen, in einem zweiten Topf den in Würfel geschnittenen fetten Speck auslassen. Zum Schluss den ebenfalls in Würfel geschnittenen, mageren Speck hinzugeben. Die klein geschnittene Zwiebel kurz mit anschwitzen.

¶ Den nicht zu nassen Grünkohl langsam in den Topf zum Speck geben und mit Salz, Pfeffer und Muskatnuss abschmecken. Bei kleiner Flamme gut durchdünsten.

¶ Dazu passen Kartoffeln oder Klöße.

Baumkuchentorte

ZUTATEN

10 Eier (getrennt)
75 g Speisestärke
1 Prise Salz
130 g Mehl
200 g Butter
abgeriebene Schale von ½ Zitrone
1 Päckchen Bourbonvanillezucker
200 g Zucker
200 g Nougatglasur
Krokant

ZUBEREITUNG

¶ Eigelb, Zucker, Bourbonvanillezucker und Zitronenschale weißschaumig schlagen.
¶ Die Butter in einer Schüssel schaumig rühren. Mehl sieben, mit der Stärke unter die Butter rühren. Eigelbcreme untermischen.

¶ Das Eiweiß mit dem Salz sehr steif schlagen und unter den Teig heben.
¶ Eine Schöpfkelle Teig in eine gefettete Springform mit 26 cm Durchmesser geben und im vorgeheizten Backofen bei 175 °C circa 4 Minuten goldbraun backen. Dann wieder eine Schöpfkelle Teig auf die erste Teigschicht geben und wiederum circa 4 Minuten backen. Diesen Vorgang so oft wiederholen, bis der ganze Teig aufgebraucht ist.
¶ Den Baumkuchen aus der Form nehmen und auskühlen lassen. Die Torte mit der Nougatglasur überziehen und mit Krokant verzieren.

Schaumringe

ZUTATEN

2 Eiweiß
100 g Puderzucker
1 Päckchen Vanillezucker
bunter Streuzucker

ZUBEREITUNG

¶ Eiweiß mit dem Puder- und Vanillezucker sehr steif schlagen. Die Masse mit einem Spritzbeutel in Ringe auf ein mit Backpapier belegtes Backblech spritzen. Nach Belieben mit dem bunten Streuzucker verzieren.
¶ Bei 100 °C circa 50 Minuten im Backofen eher trocknen als backen.

Goldbild Geschenkanhänger

MATERIAL

Gold- oder Silberfolie
Transparentpapier
Schere
1 harter Bleistift
Nadel
Goldfaden

ANLEITUNG

¶ Das Transparentpapier als Vorlage auf die Gold-/
Silberfolie legen und mit dem Bleistift die Linien der
Vorlage nachzeichnen. Eventuell nach dem Entfernen
des Transparentpapiers den Rand des Motivs noch einmal
mit dem Stift nachfahren.

¶ Die Anhänger ausschneiden. Nach Geschmack mit
bunten Borten aus Transparentpapier bekleben. Mit
einer Nadel ein Loch durchstechen und einen Goldfaden
zum Aufhängen durchziehen und verknoten.

VOM TEUTOBURGER WALD BIS BONN

Nordrhein-Westfalen

Nikolaus, du frommer Mann,
komm mit deinen Schimmel an
und dem schwarzen Piet.
Alles was man wünschen kann,
Spielzeug, Kuchen, Marzipan,
bring' uns bitte mit.
Haben wir nicht recht getan,
so verzeih uns Heilger Mann,
Schimmelchen und Piet.

WESTFALEN

Einer der größten Weihnachtsbäume Deutschlands:
der Weihnachtsbaum in Dortmund

Ein Stück Pumpernickel für den Schimmel vom Nikolaus. Am Abend vor dem 6. Dezember stellen auch die Kinder in Westfalen ihre Schuhe vor die Tür. Da sie hoffen, dass das Schimmelchen vom Nikolaus viele Geschenke für sie trägt, stecken sie zu seiner Stärkung ein Stück Pumpernickel in die Schuhe. Das schwarze Brot gilt als sehr nahrhaft und soll dem Schimmelchen besonders gut schmecken. Rund um Köln heißt der hl. Nikolaus übrigens Heilje Mann und wird vom unheimlichen Knecht Ruprecht begleitet. Für den Knecht Ruprecht legen die Kinder nichts in die Schuhe. Schließlich ist er es, der die bösen Kinder in den Sack steckt und Hiebe mit seiner Rute austeilt. Im Bergischen Land heißt er Pelznickel und ist noch furchterregender.

Blitzblank geputzte Schuhe für die hl. Barbara. In den Bergbaugemeinden in Nordrhein-Westfalen stellen die Kinder bereits in der Nacht zum 4. Dezember ihre Schuhe vor die Tür. Denn am 4. Dezember kommt die hl. Barbara zu ihnen, um die Schuhe der braven Kinder mit Süßigkeiten zu füllen. Sie ist Schutzpatronin der Bergleute, Glockengießer, Artilleristen, Bauleute, Feuerwehrmänner und Waffenschmiede. Am Barbaratag schneidet man Zweige von Kirschbäumen, legt sie über Nacht in lauwarmes Wasser und stellt sie am nächsten Tag in eine mit Wasser gefüllte Vase. Mit etwas Glück treiben die Äste Knospen und blühen Weihnachten in all ihrer Pracht.

Post vom Christkind. Die hl. Barbara und der hl. Nikolaus nehmen auch die Wunschzettel an das Christkind mit. Doch wer auch eine Antwort erhalten möchte, der muss an das Christkindpostamt in Nordrhein-Westfalen schreiben. Die Adresse lautet: An das Christkind, 51766 Engelskirchen.

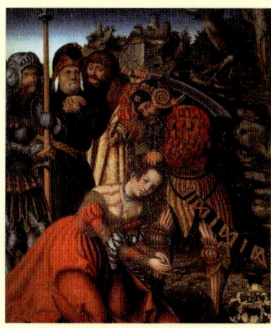

Das Martyrium der heiligen Barbara

Zum Nikolausfest duftet es süß durchs Haus. Denn dann wird der Stutenkerl gebacken, ein Gebildebrot aus einem einfachen Hefeteig in Form eines Mannes, verziert mit süßen Mandeln und Rosinen. Meistens bekommt er noch eine Tonpfeife in den Mund, die mitgebacken wird. Wer ihn aus Mürbeteig backt, muss sein Profil mit einer Schablone ausschneiden. Verziert wird er wie sein Hefeteigkollege mit süßen Mandeln, Rosinen und Tonpfeife.
Aber ob nun aus Hefe- oder Mürbeteig, die meisten essen ihn noch am selben Tag.
An Heilig Abend kommt im Rheinland traditionell Heringssalat auf den Tisch und im Ruhrgebiet Kartoffelsalat mit Würstchen.

In Düsseldorf heißt es Nikolausmarkt. Während es anderswo Weihnachts-, Christkindl- oder Striezelmärkte gibt, geht man in Düsseldorf auf den Nikolausmarkt. In Bonn heißt der Markt wieder Weihnachtsmarkt und steht auf dem Platz vor dem historischen Rathaus. Das Rathaus bildet als überdimensionaler Adventskalender einen stimmungsvollen Hintergrund. Auf dem Aachener Weihnachtsmarkt gerät die allgegenwärtige Hektik in der Vorweihnachtszeit in Vergessenheit. Die historische Altstadt lädt dazu ein, rund um den Dom die Seele baumeln zu lassen und sich in der romantischen Umgebung auf das Fest der Feste einzustimmen. Das gilt ebenso für Bad Salzuflen, wo das Krippendorf den Mittelpunkt des städtischen Weihnachtszaubers bildet.

Weihnachtsmarkt in Aachen

Kaufmannshäuser und barocke Adelspaläste erstrahlen im festlichen Glanz. In Münster verteilen sich gleich mehrere Weihnachtsmärkte, die durch wunderschöne historische Bogengänge, vorbei am gotischen Rathaus, miteinander verbunden sind. Hier können Besucher geruhsam bei einem vorweihnachtlichen Spaziergang nach dem passenden Weihnachtsgeschenk oder neuem Christbaumschmuck suchen. Im Anschluss lockt eine lebensgroße, ungefähr 10 m lange Krippe in das Clemenshospital im Düesbergweg. Auch ein Abstecher ins nahe gelegene Telget zur Krippenausstellung im Heimatmuseum lohnt allemal die Mühe. Mit über 130 Exponaten fasziniert sie ihre Besucher immer wieder neu.

Wo Frau Holle ihre Betten ausschüttelt. Im malerischen Städtchen Hattingen weckt jedes Jahr am 1. Dezember ein Kinderchor Frau Holle. Daraufhin öffnet sie ihr Fenster am Alten Rathaus und schüttelt als Dankeschön kräftig ihre Betten aus – so stark und ausdauernd, dass die Federn nur so fliegen und die Kinder ihre Freude daran haben. Im Anschluss öffnet sie das erste Fenster des riesigen Adventskalenders.

Ein Büschel Heu vor die Tür und einen Krug Wasser aus dem Bach. In Westfalen legen Landwirte am Heiligen Abend ein Büschel Heu vor die Tür. Es heißt, es würde durch die Kraft der Heiligen Nacht gesegnet und so zu einer heilsamen Speise für die Tiere. Den Kindern erzählt man allerdings gern, es sei vom Eselchen, welches das Christkind begleitet. Auch Wasser, das in der Heiligen Nacht aus einem Brunnen, See oder Bach geschöpft wird, sagt man eine heilende Wirkung nach. Es soll sogar vor Dummheit schützen.

Die heil'gen Drei Könige

Die heil'gen Drei Könige aus dem Morgenland,
sie frugen in jedem Städtchen:
Wo geht der Weg nach Bethlehem
ihr lieben Buben und Mädchen?

Die Jungen und Alten, sie wußten es nicht,
die Könige zogen weiter.
Sie folgten einem goldenen Stern,
der leuchtete lieblich und heiter.

Der Stern bleibt stehen über Josefs Haus,
da sind sie hineingegangen.
Das Ochslein brüllt, das Kindlein schrie,
Die heil'gen Drei Könige sangen.

HEINRICH HEINE

Die Heiligen Drei Könige als Krippenfiguren auf dem Bonner Weihnachtsmarkt

Rheinischer Sauerbraten

ZUTATEN FÜR 4 PERSONEN

800 g Rindfleisch (vom dicken Bug)
2 Möhren
1 große Zwiebel
⅛ l Weinessig
1 l Wasser
3 Nelken
8 Pfefferkörner
1 Lorbeerblatt
8 Wacholderbeeren
1 Prise Zucker
Salz, Pfeffer
30 g Butterschmalz
60 g Lebkuchenbrösel
1 EL Apfelkraut
200 g Rosinen
3 EL saure Sahne

ZUBEREITUNG

¶ Das Fleisch in eine große Schüssel geben.
Möhren und Zwiebeln schälen und klein schneiden. Mit Essig, Wasser, Zucker und den Gewürzen aufkochen, abkühlen lassen und über das
Fleisch gießen. Das Fleisch 2–3 Tage in der Marinade ziehen lassen, dabei ab und an wenden.

¶ Das Fleisch aus der Marinade nehmen, trocken
tupfen und mit Pfeffer und Salz einreiben. Butterschmalz in einem Bräter erhitzen, das Fleisch
darin auf allen Seiten scharf anbraten.

¶ Lebkuchenbrösel und Apfelkraut dazugeben.
Die Marinade durch ein Sieb geben und den
Braten damit ablöschen. Bei mittlerer Hitze
1,5 Stunden schmoren lassen, dabei immer wieder mit dem Bratenfond begießen.

¶ Die Rosinen waschen und 15 Minuten vor
Ende der Garzeit dazugeben.

¶ Das Fleisch herausnehmen und warm stellen.
Die Soße abschmecken und mit der sauren Sahne
verfeinern. Das Fleisch aufschneiden und auf
einer Platte anrichten.

¶ Dazu Kartoffelklöße oder breite Bandnudeln
reichen.

Pumpernickelpudding

ZUTATEN FÜR 4–6 PERSONEN

400 g Pumpernickel
¼ l Milch
100 g Rosinen
5 Eigelb
100 g Zucker
50 g Zartbitterschokolade (gerieben)
½ TL Zimtpulver
3 cl Rum
Saft und Schale von einer abgeriebenen Zitrone
100 g gemahlene Haselnüsse
5 Eiweiß
50 g Butter
2 EL Semmelbrösel

ZUBEREITUNG

¶ Pumpernickel fein zerbröseln oder mit dem Messer fein hacken. Das Brot mit der Milch übergießen, gut durchrühren und 1 Stunde ziehen lassen.

¶ Die Rosinen in ein wenig heißem Wasser einweichen. Eigelb und Zucker schaumig schlagen. Schokolade, Zimt, Rum, Zitronensaft und -schale sowie die Haselnüsse dazugeben und untermischen.

¶ Die Pumpernickelmasse mit der Eigelbmasse vermengen. Das Eiweiß zu steifem Schnee schlagen und unterheben.

¶ Eine Kochpuddingform mit der Butter gut ausfetten und mit Semmelbröseln ausstreuen. Die Form zu drei Vierteln mit der Puddingmasse füllen, verschließen und 60 Minuten im siedenden Wasserbad garen.

¶ Den Pudding aus dem Wasserbad nehmen und kurz ruhen lassen. Dann aus der Form auf einen vorgewärmten Teller stürzen.

¶ Dazu Vanillesoße reichen.

O freudenreicher Tag

Aachener Printen

ZUTATEN

375 g Honig
375 g Zucker
100 g Butter
1 EL Zimt
½ TL Nelken
1 Prise Kardamom
1 Prise Muskat
200 g gehackte Mandeln
100 g gehacktes Orangeat und Zitronat
850 g Mehl
10 g Pottasche
2 EL Arrak oder Kirschwasser
nach Wunsch Oblaten
nach Wunsch Schokoladenkuvertüre und
    Mandelblättchen

ZUBEREITUNG

¶ Honig, Zucker und Butter erwärmen und flüssig werden lassen. Gewürze, Zitronat, Orangeat und Mandeln zugeben. Pottasche in Arrak oder Kirschwasser auflösen und mit dem Mehl zur Honigmasse geben.

¶ Teig durchkneten, auf einem bemehlten Brett 1 cm dick ausrollen und 3 × 8 cm große Printen ausschneiden. Je nach Wunsch auf Oblaten legen. Die Printen auf ein mit Backpapier ausgelegtes Backblech setzen und bei 180 °C 10–15 Minuten backen. Anschließend die Printen nach Wunsch oben mit der flüssigen Kuvertüre bestreichen und Mandelblättchen darüber streuen.

2. Dies Kind ist Gottes Sohn,
kommen vom höchsten Thron.
Lasst uns dasselbe preisen,
ihm Lob und Ehr erweisen,
zu Bethlehm im Stall,
zu Bethlehm im Stall.

3. Bei diesem Kindlein
viel tausend Englein sein,
dasselbe zu verehren
als ihren Gott und Herren,
zu Bethlehm im Stall,
zu Bethlehem im Stall.

AUS WESTFALEN

* *

Weihnachtskugeln aus Papier

MATERIAL

1 Bogen Papier
Bleistift
dünnes Tonpapier in verschiedenen Farbtönen
Holzperlen in den passenden Farben
Baumwollgarn
Lineal
Cutter oder Schere
Klebstoff
1 dicke Sticknadel
Büroklammern

ANLEITUNG

¶ Auf ein Blatt Papier als Hilfe einen Kreis mit etwa 20 cm Durchmesser zeichnen und diesen in 16 gleich große „Kuchenstücke" teilen.

¶ Aus dem Tonpapier 8 Streifen – je 28 cm lang und 1 cm breit – in verschiedenen Farben zuschneiden. Diese nun im Uhrzeigersinn auf den Hilfskreis legen. Jeden Streifen in der Mitte mit einem Tropfen Kleber mit den anderen Streifen fixieren.

¶ 3–5 Holzperlen (immer eine ungerade Zahl) auf einen doppelten Baumwollfaden ziehen und die unterste Perle mit einem Knoten sichern. Danach den fixierten Mittelpunkt der Papierstreifen mit der Sticknadel durchstechen, den Faden durchziehen und verknoten.

¶ Die Streifen nun zu einer Kugel formen. Dafür die beiden zuunterst liegenden Streifenenden fassen und etwa 1 cm überlappend zum Kreis schließen und festkleben. Notfalls mit einer Büroklammer fixieren.

¶ Nadel und Faden durchziehen. Auf diese Art im Uhrzeigersinn Streifen für Streifen zusammenkleben und jeweils einen Faden durchziehen und verknoten.

¶ Als Abschluss einige Perlen aufziehen und verknoten. Eine Öse zum Aufhängen lassen.

VOM BROCKEN BIS ZUM ERZGEBIRGE

Sachsen-Anhalt und Sachsen

Rupprich, Rupprich, guter Ma,
saah mich net su finster a.
Steck när ei dein Rutenbaasen,
ich bi e artig Kind gewesen.

ERZGEBIRGE

Der Vater vom Christkind. Martin Luther gilt als indirekter Vater vom Christkind. Die starke Heiligenverehrung der katholischen Kirche war ihm ein Dorn im Auge. Und obwohl es im Hause Luther am 6. Dezember Geschenke gab, wollte er den hl. Bischof Nikolaus zur Seite drängen. Er fand, dass der Heilige Christ durch seine Geburt das eigentliche Geschenk verkörpere und verlegte daher die „Kinderbescherung" auf den 25. Dezember. Für die einfachen Leute aber war die Figur des „Heiligen Christ" zu gestaltlos und so entwickelte sich rasch die Figur des blond gelockten Christkinds. Der Nikolaustag blieb den Protestanten jedoch weiterhin erhalten und die katholische Kirche übernahm das Christkind.

Martin Luther

„Herr Winter", Münchener Bilderbogen von 1848

Die Geburt des Weihnachtsmanns. Im 19. Jahrhundert entstand dann aus alledem eine neue Figur. Der Maler Moritz von Schwindt (1804–1871) zeichnete 1847 eine Bilderfolge über den „Herrn Winter". Eine untersetzte Figur mit langem weißen Rauschebart, einem langen dicken Kapuzenmantel, hohen Stiefeln und einem Kerzenbäumchen auf dem Arm. Diese Figur passte genau in das damalige bürgerliche Leitbild der Biedermeierzeit. So trat der Weihnachtsmann seinen Siegeszug im gesamten protestantischen mittel-, nord- und ostdeutschen Raum an. Doch in Schlesien, dem Ermland, dem Böhmerwald, dem katholischen Rheinland und dem

Weihnachtspyramide vor der Frauenkirche in Dresden

süddeutschen Raum wurde das Christkind als Gabenbringer beibehalten. Erst durch die Werbung der Süßwaren- und Getränkeindustrie gewann der Weihnachtsmann auch hier zunehmend an Bedeutung. Zusammen sieht man übrigens das Christkind und den Weihnachtsmann nie.

Das „dzecetko" und der „rumpodich" gehen durch die Straßen. Am 4. Advent trifft man in der Oberlausitz ein junges Mädchen in einer wunderschönen sorbischen Festtagstracht und mit verhülltem Gesicht. Es ist das „dzecetko", wie das Christkind auf sorbisch heißt. Ihm zur Seite stehen entweder zwei weitere junge Mädchen oder der „rumpodich", der Knecht Ruprecht. Zusammen gehen sie von Haus zu Haus. Das Christkind tritt schweigend zu den betenden oder singenden Kindern und streicht ihnen über die Wangen, um ihnen so wortlos Glück und Segen zu bescheren. Auf die Schultern der Jungen und Alten legt es dabei einen geschmückten Zweig, den „Lebensreis". Danach holt es aus seinem weißen Säckchen ein paar Nüsse und Äpfel für die Kinder. Genauso lautlos, wie es gekommen ist, geht das „dzecetko" auch wieder.

Wo Räuchermännchen, Pyramiden und die lieblichen Engel entstehen. Wegen des bis ins Detail liebevoll gestalteten Kunsthandwerks schätzt man das Erzgebirge in der ganzen Welt. Wenn im Winter die Stürme um die Häuser brausten und an den Fenstern rüttelten, war es in den Stuben um so behaglicher. In dieser Zeit klöppelten, schnitzten und drechselten die Menschen. So entstand ein Kunsthandwerk, das noch heute gepflegt wird und vielen als Broterwerb dient. Wer in der Adventszeit durch das Erzgebirge fährt, sieht die wunderschönen Schwibbögen in den Fenstern. Außerdem gehört in die hell erleuchteten Fenster nach alter Sitte auch immer für jedes Familienmitglied ein Lichterengel oder Nussknacker. Auf den Dorfplätzen stehen beleuchtete Lichterengel und Weihnachtspyramiden. Bergmannskapellen ziehen durch

Schwibbogen

die Straßen und stimmen die Bewohner auf das bevorstehende Weihnachtsfest ein. Annaberg-Buchholz verwandelt sich gar mit seinem Weihnachtsmarkt in einen ganzen Weihnachtsberg. Als einer der größten Weihnachtsmärkte Deutschlands zählt Leipzig. Hier gibt es eine riesige Weihnachtspyramide zu bestaunen. Den ältesten Weihnachtsmarkt hingegen findet man in Dresden. Der „Dresdner Striezelmarkt" wurde 1434 gegründet und verdankt seinen Namen dem weltberühmten Dresdner Christstollen. Dieses Gebildebrot soll an das in Windeln gewickelte Christuskind erinnern.

Natürlich gibt es während der Vorweihnachtszeit auch außerhalb von Dresden Dresdner Christstollen zu kaufen. In Sachsen aber lassen sich viele Familien ihren Stollenteig, den sie nach altem geheimen Familienrezept zubereiten, beim Bäcker ausbacken.

Stollenbäcker in Dresden

Wenn die Häuerglocke schlägt. Seit über 300 Jahren steigen jedes Jahr in der Nacht vom Heiligen Abend zum 1. Weihnachtstag über 100 Sänger, Chorjungen und Bläser in Schneeberg auf den Turm von St. Wolfgang. Morgens um vier Uhr, nach dem Schlagen der Häuerglocke, verkünden sie von dort die Weihnachtsbotschaft. Dieser Brauch folgt einer festgeschriebenen Reihenfolge und beginnt immer mit „Schneeberg, dein Bergfürst ist erschienen …"

Auch die Mettenschicht ist ein alter Brauch. So hieß die letzte unter Tage gefahrene Schicht vor Weihnachten. Der Steiger hielt vor den Bergmännern eine kleine Ansprache und sprach den Bergsegen. Die Bergleute dankten dem Steiger mit dem Singen von Chorälen. Danach gab es Bratwurst mit Sauerkraut und Kartoffelbrei. Heute halten in den alten Stollen die Bergmannsvereine in ihren herrlichen Uniformen diese weihnachtliche Tradition am Leben.

Neunerlei zum Heiligen Abend
Noch heute zelebriert man im Erzgebirge das Neunerlei, ein Festessen am Heiligen Abend, das neun Speisen umfasst. Folgendes ist festgeschrieben:

1. Bratwurst, damit man Herzhaftigkeit und Kraft bewahrt.
2. Sauerkraut, damit das Leben nicht sauer wird.
3. Linsen, damit das Geld nicht ausgeht.
4. Klöße von Karpfen oder Hering, damit es einem nicht am großen Geld fehlt.
5. Gans oder Schweinebraten, damit einem das Glück treu bleibt.
6. Vom Obst einen Kompott, damit man sich das ganze Leben über freuen kann.
7. Semmelmilch, damit die Nase nicht tropft und man kein Kopfweh bekommt.
8. Nüsse oder Mandeln, damit der Lebenswagen gut geölt durch das neue Jahr fährt.
9. Pilze oder Rote Rüben für Freude und Glück und rote Wangen.

Das Christkind

Es gibt nichts Schön'res auf der Welt
als wenn das Christkind Einzug hält.
Ins Haus, ins liebe Vaterhaus,
trotz Sturmgetös und Wetterbraus.

Es kommt so still in heil'ger Nacht
durch Schneegeflock und Eises Pracht.
Begleiter ist der Weihnachtsmann.
Der trägt, was er nur tragen kann.

Wenn's Kindlein noch so arm und klein,
das Christkindlein gedenket sein:
In Hüttlein schlecht, im reichen Haus
teilt es die Liebesgaben aus.

VOLKSGUT

Winternacht

Der Winter ist gekommen
und hat ihn hinweggenommen
der Erde grünes Kleid;
Schnee liegt auf Blütenkeimen,
kein Blatt ist auf den Bäumen,
erstarrt die Flüsse weit.

Da schallen plötzlich Klänge
und frohe Festgesänge
hell durch die Winternächte;
in Hütten und Palästen
ist rings in grünen Ästen
ein bunter Frühling aufgewacht.

Wie gern doch seh' ich glänzen
mit all den reichen Kränzen
den grünen Weihnachtsbaum;
dazu der Kindlein Mienen,
von Licht und Lust beschienen;
wohl schönre Freude gibt es kaum.

THEODOR KÖRNER

Aus der Heimat von Nussknackern, Lichterengeln, Pyramiden und Kurrenden. Seiffen ist bekannt für die Herstellung von Nussknackern und die einzigartige, sechseckige Kirche. Wer kennt das Kirchlein nicht, das zum Sinnbild für die erzgebirgische Weihnacht in der ganzen Welt geworden ist. Zu Seiffen gehören aber auch die Kurrende – schwarz gekleidete, singende Kinder mit einem großen weißen Kragen. Auch als Holzfigurenset auf den Weihnachtspyramiden, Wolken und Schwibbögen sind Kurrende beliebt. In Seiffen, wie auch andernorts, singen sie an den Adventssonntagen in der Kirche. Am Nachmittag ziehen jeweils immer fünf Mädchen und Jungen singend mit ihrem Stern von Haus zu Haus.

Von der Tradition des Quempas-Singens. Der Name Quempas stammt vom lateinischen „Quem pastores Laudavera", was bedeutet: „Den die Hirten lobeten sehr". Das Quempas-Singen ist ein im 15. Jahrhundert aufgekommener Brauch, bei der Christmette in den frühen Morgenstunden des ersten Weihnachtstags Wechselgesänge abzuhalten. Ursprünglich waren die Quempas-Sänger Lateinschüler, und sie sangen die Lieder auch in dieser Sprache.

Ein heimeliges Licht verbreitet abends der Weihnachtsmarkt in Halle. Zur Weihnachtszeit sind Märchen eine beliebte Unterhaltung. Die kleinen und großen Marktbesucher können sich in Halle über viele Aufführungen freuen. Für die Kinder gibt es sogar einen eigenen Kinderweihnachtsmarkt mit Werkstätten und einer Märchentante. Wernigerode am Fuße des Brocken verzaubert mit seinem liebevoll geschmückten Marktplatz, umgeben von hell erleuchteten Fachwerkhäusern. Delikatessen wie Salzwedeler Baumkuchen und altmärkische Wurstspezialitäten laden auf dem Magdeburger Weihnachtsmarkt zum genussvollen Verweilen ein. Ein mittelalterlicher Markt und ein Märchenwald sorgen für unvergessene Stunden in der Domstadt an der Elbe.

Hänsel und Gretel vor dem Hexenhaus

Gebratenes Kaninchen

ZUTATEN FÜR 4–6 PERSONEN

1 küchenfertiges Kaninchen
Salz
Pfeffer
Zitronensaft
4 EL Butter
½ l saure Sahne

ZUBEREITUNG

¶ Das Kaninchen gut waschen, trocken tupfen und in kleine Portionen von etwa 150 g teilen. Mit Gewürzen einreiben und Zitronensaft beträufeln. In Butter von allen Seiten anbraten und häufig mit dem Fett begießen, bis es braun und knusprig ist. Nun mit ein wenig Wasser ablöschen, nach und nach die saure Sahne zugießen.
¶ Eine Stunde bei mittlerer Hitze garen lassen, dabei immer wieder mit der Bratensoße begießen.
¶ Auf einer vorgewärmten Platte servieren.
¶ Dazu passen sächsische Klöße.

Sächsische Klöße

ZUTATEN FÜR 8–10 KLÖSSE

200 g fetter Speck
3 Zwiebeln
6 Brötchen
20 g Butter
¼ l Milch
4 Eier
120 g Mehl
1 TL Majoran
Salz

ZUBEREITUNG

¶ Den Speck, die gepellten Zwiebeln und 3 Brötchen würfeln.
¶ Die Speckwürfel in der Butter auslassen, Zwiebeln und Brötchenwürfel darin goldbraun rösten, dann erkalten lassen.
¶ Von den anderen 3 Brötchen die Rinde abschneiden. Die Brötchen in der Milch einweichen. Wenn sie sich richtig vollgesogen haben, ausdrücken und etwas zerpflücken, dann mit Eiern und dem Mehl verrühren. Den Brötchen-

teig mit Majoran und Salz würzen. Die angerösteten Zutaten mit einkneten.

¶ Aus dem Teig 8–10 Klöße formen.

¶ In einem großen Topf Salzwasser aufkochen, dann die Hitze herunterschalten. Die Klöße im siedenden Wasser 20 Minuten gar ziehen, aber nicht kochen lassen.

¶ Zu den Klößen wird auch gern gekochtes Backobst gegessen.

* *

Festliche Füllungen für ein Brathähnchen

ZUTATEN FÜR 4 PERSONEN

VARIANTE 1:
200 g Hackfleisch
1 fein geschnittene Zwiebel
50 g in Milch oder Wasser eingeweichtes und fest ausgedrücktes Weißbrot
1 Ei
Salz
Pfeffer
Paprikapulver edelsüß
Öl zum Andünsten

VARIANTE 2:
fein zerkleinerte Geflügelleber des Hähnchens
100 g in Milch oder Wasser eingeweichtes und fest ausgedrücktes Weißbrot
1 geraspelter Apfel
2 EL Rosinen
2 EL gehackte Mandeln oder Nüsse
1 Ei
Salz
etwas Weißwein

VARIANTE 3:
fein zerkleinerte Geflügelleber des Hähnchens
2–3 EL Semmelbrösel
1 fein gehackte Zwiebel
1 zerdrückte Banane
etwas abgeriebene Zitronenschale
1 Ei
3 EL saure Sahne
Curry
Öl zum Andünsten

ZUBEREITUNG FÜR ALLE DREI VARIANTEN

¶ Die fein gehackte Zwiebel für Variante 1 und 3 in einer Pfanne mit etwas Öl glasig dünsten. Die jeweiligen Zutaten in einer Schüssel vermengen und die gedünstete Zwiebel dazugeben. Mit den jeweiligen Gewürzen abschmecken.

¶ Das Hähnchen gründlich waschen und trocken tupfen. Mit Salz, Pfeffer und etwas Paprikapulver würzen. Mit der jeweiligen Füllung füllen und zunähen.

¶ In einen Bräter legen, den Boden des Bräters mit etwas Wasser bedecken – etwa 1 cm hoch – und bei 200 °C im vorgeheizten Backofen braten. Die Dauer der Garzeit hängt von der Größe des Hähnchens ab.

Dresdner Christstollen

ZUTATEN

500 g Rosinen
100 g Korinthen
je 100 g Zitronat und Orangeat
250 g gehackte Mandeln
2 Päckchen Vanillezucker
6 EL brauner Rum
12 Tropfen Bittermandelöl
1 kg Weizenmehl (Type 405)
2 Würfel frische Hefe
400 g weiche Butter
150 g Zucker
¼ l Milch
2 Eigelb

NACH DEM BACKEN

150 g flüssige Butter
125 g Puderzucker

ZUBEREITUNG

¶ Rosinen, Korinthen, Zitronat, Orangeat, Mandeln, Vanillezucker, Rum und Bittermandelöl mischen und zugedeckt circa sechs Stunden stehen lassen. Zwischendurch ab und zu umrühren.

¶ Das Mehl in eine große Schüssel sieben. In die Mitte eine Mulde drücken. Die Hefe hineinbröckeln. Mit 1 EL Zucker bestreuen. Milch lauwarm erhitzen und darauf gießen und mit etwas Mehl zu einem Vorteig verrühren. Zugedeckt 15 Minuten gehen lassen.

¶ Restlichen Zucker, Eigelb und Butter portionsweise hinzugeben. Zuerst mit dem Knethaken des Handrührgeräts durcharbeiten, dann mit den Händen zu einem glatten Teig verkneten. Zugedeckt an einem warmen Ort noch mal 30 Minuten gehen lassen.

¶ Den Teig auf einer bemehlten Arbeitsfläche flach drücken. Die Früchte darauf geben und in den Teig einarbeiten. Zugedeckt nochmals 30 Minuten gehen lassen.

¶ Den Teig nochmals kurz durchkneten.

¶ Für einen großen Stollen den Teig zu einer 3–4 cm dicken Platte ausrollen, die Mitte der Teigplatte längs mit dem Nudelholz etwas eindrücken und eine Teighälfte über die andere klappen. So entsteht die typische Stollenform.

¶ Den Stollen auf ein mit Backpapier ausgelegtes Backblech setzen und nochmals 15 Minuten gehen lassen.

¶ Bei 175 °C im vorgeheizten Backofen 70–90 Minuten backen.

¶ Noch heiß mit der flüssigen Butter bestreichen und mit Puderzucker bestäuben. Nach dem Auskühlen in Alufolie wickeln und mindestens eine Woche vor dem Anschneiden ruhen lassen.

O Tannenbaum

1. O Tan-nen-baum, o Tan-nen-baum, wie treu sind de-ine Blät-ter! Du
grünst nicht nur zur Som-mer-zeit, nein, auch im Win-ter, wenn es schneit. O
Tan-nen-baum, o Tan-nen-baum, wie treu sind dei-ne Blät-ter!

2. O Tannenbaum, o Tannenbaum,
du kannst mir sehr gefallen.
Wie oft hat schon zur Weihnachtszeit
ein Baum von dir mich hocherfreut!
O Tannenbaum, o Tannenbaum,
du kannst mir sehr gefallen.

3. O Tannenbaum, o Tannenbaum,
dein Kleid will mich was lehren.
Die Hoffnung und Beständigkeit
gibt Trost und Kraft zu jeder Zeit.
O Tannenbaum, o Tannenbaum,
das soll dein Kleid mich lehren!

Laubsägearbeit

MATERIAL

spezielles Holz für Laubsägearbeiten (im
    Baumarkt und Bastelladen erhältlich)
Laubsäge
Schraubzwingen
Bohrer
feines Schleifpapier
Holzleim
Kerzenhalter

ANLEITUNG

¶ Das Motiv auf das Holz übertragen und es anschließend mit der Schraubzwinge zum sicheren
Arbeiten an einer Arbeitsplatte befestigen.
¶ Mit dem Bohrer einige Löcher zum Ansetzen
der Laubsäge bohren. Das Motiv mit der Laubsäge aussägen, Kanten mit Schleifpapier abfeilen.
¶ Kerzenhalter anleimen.

VOM KYFFHÄUSERGEBIRGE ZUM THÜRINGER WALD

Thüringen

Christkind komm in unser Haus.
Pack die großen Taschen aus.
Stell den Schimmel an den Tisch,
dass er Heu und Hafer frisst.
Heu und Hafer frisst er nicht,
Zuckerbrezeln kriegt er nicht.

THÜRINGISCHES VOLKSGUT

*Erfurter
Weihnachtsmarkt
am Domplatz,
Blick vom Dom*

Wenn Herr Sente Klas zu den Kindern kommt. In Thüringen wird der hl. Nikolaus respektvoll Herr Sente Klas oder Herrscheklas genannt und trägt einen weiten Kapuzenmantel mit weißem Pelzbesatz. In die weihnachtlich geschmückten Häuser begleitet ihn Knecht Ruprecht. Er sieht wie überall recht finster aus und trägt einen braunen Pelzmantel. In manch einer Stube hängt noch die früher sehr verbreitete und aus Stroh geflochtene Adventskrone. Damals schmückten die Menschern sie liebevoll mit Backwerk, Nüssen und Äpfeln. Heute zieren sie feine Christbaumkugeln und Zapfen aus Lauscha.

*Christbaumkugeln
aus Lauscha*

Aus der Not heraus. Der Brauch, sich zum Weihnachtsfest einen mit Äpfeln geschmückten Tannenbaum in die gute Stube zu stellen, stammt aus dem Elsass. Von dort verbreitete er sich über Baden und die Pfalz in ganz Deutschland. Die Christbaumkugel jedoch kommt aus Thüringen. In Lauscha steht die Wiege der gläsernen Christbaumkugel. Es wird vermutet, dass es ein armer Glasbläser war, der in Ermangelung von Äpfeln und Nüssen um 1847 aus der Not eine Tugend machte. Er blies aus rotem Glas Kugeln in Form von Äpfeln. Bereits in den darauffolgenden Jahren kopierten Glasbläser in Thüringen, dem Bayerischen Wald und dem Böhmerwald diese Idee und entwarfen immer neue Formen und Muster. Diesen kostbaren Christbaumschmuck konnten sich lange Jahre nur die reicheren Familien leisten. Einen richtigen Boom löste im Jahr 1880 der amerikanische Kaufmann F. W. Woolworth aus, als er Unmengen an weihnachtlichem Glasschmuck in die USA importierte. Noch heute ziert Christbaumschmuck Made in Germany etliche amerikanische Weihnachtsbäume.

Wer richtig in Christbaumkugeln und weihnachtlichem Glasschmuck schwelgen möchte, der sollte an den ersten zwei Adventswochenenden nach Lauscha fahren. Denn dann findet dort traditionell der Kugelmarkt statt. Die ganze Stadt wird zur blinkenden und funkelnden Fußgängerzone. Heute ist ein Weihnachtsbaum ohne Christbaumkugeln kaum vorstellbar.

Den Lieblingspapierstern der Deutschen entwarf der Pädagoge Friedrich Fröbel (1782–1852). In ganz Deutschland basteln Kinder in der Vorweihnachtszeit in Kindergärten, Schulen und ihren Familien gemeinsam den Fröbelstern. Wer einmal die auf den ersten Blick etwas kompliziert erscheinenden Arbeitsschritte erlernt hat, läuft Gefahr süchtig zu werden.

Ihre Majestät die Porzellanprinzessin lädt zur Porzellanweihnacht ein. Traditionell eröffnet am 1. Advent die Porzellanprinzessin in Lichte den Porzellan- und Weihnachtsmarkt. Im südlichen Thüringer Wald bieten vor allem die regionalen Weihnachtsmärkte ihren Besuchern viel Spezielles. In Neuhaus ist es die romantische Bergweihnacht, in Sonnenberg die Spielzeugweihnacht und in Oberweißbach das Lichterfest. Ein kleiner und feiner Markt ist der „Schmalkalder Herrscheklasmarkt". Zwischen liebevoll restaurierten Fachwerkhäusern, der Stadtkirche und dem Schloss Wilhelmsburg liegt der Altmarkt. Am ersten Freitag im Dezember zieht der Herrscheklas mit seiner Schar fleißiger Wichtel durch die Stadt zum Altmarkt. Auf dem festlich erleuchteten Markt verschenkt er an die Kinder Herrscheklas Lebkuchen, nach einem alten Geheimrezept gebacken. Im Bergwerk Finstertal in Schmalkalden findet am 4. Dezember die traditionelle Barbarafeier der Bergleute statt.

Nach dem südthüringischen Christollen ist der Chrisamelmart in Suhl benannt. Mit seinen liebevoll geschmückten Holzhäuschen zählt er zu den schönsten der Region.

Eine stimmungsvolle Atmosphäre, um Weihnachten als Fest der Besinnung und Freude zu feiern. So lautet das Motto des Weihnachtsmarkts in Jena. Hier können Besucher die größte Weihnachtspyramide von Thüringen bewundern. Als täglicher Höhepunkt gilt der alte Brauch des weihnachtlichen Turmblasens. Dann hallen die wunderbaren weihnachtlichen Weisen durch die alte Universitätsstadt Jena. Aber auch in Weimar, Erfurt oder Gera zeigt sich die Vorweihnachtszeit von ihrer schönsten Seite.

Kutscher Schmidt mit Thüringer Stollen

Weihnachten

Bäume leuchtend, Bäume blendend,
überall das Süße spendend,
im Glanze sich bewegend,
alt und junges Herz erregend –
solch ein Fest ist uns bescheret,
mancher Gaben Schmuck verehret;
staunend schaun wir auf und nieder,
hin und her und immer wieder.
Aber Fürst, wenn dirs begegnet
und ein Abend so dich segnet,
dass als Lichter, dass als Flammen
vor dir glänzten allzusammen
alles, was du angerichtet,
alle, die sich dir verpflichtet:
mit erhöhten Geistesblicken
fühltest herrliches Entzücken.

JOHANN WOLFGANG VON GOETHE

Hasenrücken in Weißweinsoße

ZUTATEN FÜR 4 PERSONEN

1 Hasenrücken
75 g Speck, in Streifen geschnitten
75 g Butter
1 Glas Weißwein
⅛ l Sahne
1 Zitrone
1 EL Senf
1 EL geriebener Meerrettich
Salz
Pfeffer
1 kleine Stange Zimt

ZUBEREITUNG

¶ Den Hasenrücken häuten, salzen, pfeffern und mit Senf bestreichen. Nun mit dünnen Speck-streifen belegen und in einer Bratpfanne in der zerlassenen Butter anbraten. Dabei einige Male mit der leicht gebräunten Butter und dem Bratensaft begießen.

¶ Den Weißwein erhitzen, die Zimtstange und etwas abgeriebene Zitonenschale hinzufügen. Den Hasenrücken langsam mit diesem Sud übergießen.

¶ Im vorgeheizten Backofen bei 160 °C etwa 1 Stunde garen.

¶ Vom fertigen Hasenrücken den Speck entfernen, in kleine Streifen schneiden und in den Bratensaft geben. Diesen mit Meerrettich, Sahne und Zitronensaft abschmecken.

¶ Den Braten vorsichtig von den Knochen lösen und in Scheiben schneiden. Heiß in der Soße servieren.

¶ Dazu passen Klöße und Rosenkohl.

Thüringer Klöße

ZUTATEN FÜR 6—8 PERSONEN

3 kg rohe Kartoffeln
Salz
4 Brötchen
Butter zum Rösten

ZUBEREITUNG

¶ 2 kg Kartoffeln schälen, waschen, gut abtropfen lassen und auf einer Reibe fein reiben. Damit
der Kartoffelteig schön weiß bleibt, reibt man die
Kartoffeln direkt in eine Schüssel mit Wasser.
Danach presst man sie in einem Stück Stoff so
trocken wie möglich aus. Beim Auspressen den
Kartoffelsaft auffangen, weil die sich im Wasser
absetzende Kartoffelstärke bei der Teigzuberei-
tung mitverwendet wird.
¶ Das restliche Kilo Kartoffeln schälen, waschen
und vierteln. Gut mit Wasser bedeckt gar kochen.
Dann mit der Kochflüssigkeit durch ein Sieb
streichen oder fein pürieren.
¶ Die ausgepressten Kartoffeln mit den Fingern
auflockern und zerreiben und leicht salzen. Die
gewonnene Kartoffelstärke und den Kartoffelbrei
zugeben. Mit einem Kochlöffel gut durchmen-
gen. Die rohen Kartoffeln müssen dabei von den
heißen Kartoffeln gebrüht werden.
¶ Wenn der Kloßteig nicht gelungen ist, sieht er
grünlich aus.
¶ Die Brötchen würfeln und in der Butter goldbraun rösten. Aus dem Kloßteig Klöße formen
und in die Mitte jeweils einige Brötchenwürfel
geben.
¶ In einem großen Topf reichlich Salzwasser
zum Kochen bringen. Die Klöße darin in 20 Minuten ziehen, aber nicht mehr kochen lassen.
¶ Mit der Schaumkelle herausnehmen und auf
einer Platte anrichten.

Mandelhörnchen

ZUTATEN

2 Eigelb
280 g Mehl
210 g Butter
120 g Zucker
100 g gemahlene Mandeln
1 Messerspitze Backpulver
Puderzucker zum Bestäuben

ZUBEREITUNG

¶ Die Butter mit dem Zucker schaumig
schlagen. Eigelb, Mandeln, Mehl und
Backpulver hinzufügen.
¶ Den Teig zu einer großen Rolle rollen
und kleine Stücke davon abschneiden. Diese
zu kleinen Hörnchen formen.
¶ Auf ein mit Backpapier belegtes Blech
setzen und bei mittlerer Hitze im vorgeheizten
Backofen goldgelb backen.
¶ Noch warm mit dem Puderzucker bestäuben.

Mandelstollen

ZUTATEN

1 kg Mehl
1 ½ Päckchen frische Hefe
¼ l warme Milch
2 EL Zucker
350 g Butter
½ TL Salz
120 g Zucker
1 Päckchen Vanillezucker
250 g gehackte Mandeln
250 g Zitronat
NACH DEM BACKEN:
150 g zerlassene Butter
150 g Puderzucker

ZUBEREITUNG

¶ Das Mehl in eine Schüssel sieben und eine Mulde in die Mitte drücken. Die Hefe hineinbröckeln und mit warmer Milch, etwas Zucker und etwas Mehl verrühren. Diesen Vorteig an einem warmen Ort zugedeckt 30 Minuten gehen lassen.

¶ Die restlichen Zutaten unter den Teig arbeiten und ihn nochmals 30 Minuten gehen lassen.

¶ Den Hefeteig in zwei Teile teilen. Jedes Teigstück zu einer 30 cm langen Stange formen. Von der Mitte her leicht ausrollen, sodass der Rand etwas dicker bleibt. Jedes Stück einmal längs zur typischen Stollenform zusammenklappen.

¶ Auf ein mit Backpapier ausgelegtes Backblech setzen und zugedeckt noch einmal 30 Minuten gehen lassen. Die Stollen sollen dabei deutlich an Volumen gewinnen. Den Backofen auf 200°C vorheizen. Die Stollen 60–80 Minuten backen.

¶ Noch heiß mit der zerlassenen Butter bestreichen und dick mit Puderzucker bestäuben. Abkühlen lassen, in Alufolie einschlagen und circa 2 Wochen ruhen lassen.

In dulci jubilo

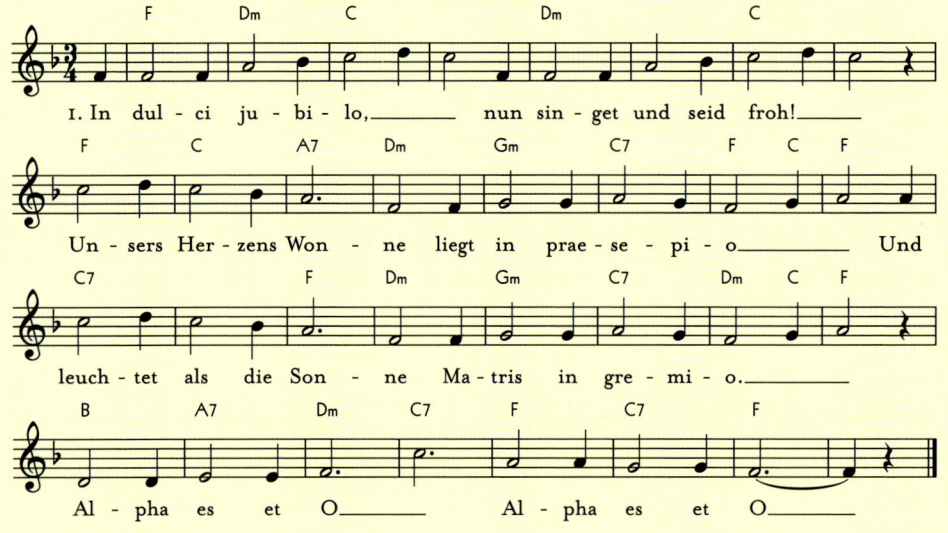

2. Lob Gott, du Christenheit,
dank ihm mit großer Freud.
Unsers Herzens Wonne
ist uns geboren heut
und leuchtet wie die Sonne
in dieser dunklen Zeit.
Durch sein wertes Wort
scheint unser höchster Hort.

Vom Himmel hoch, da komm ich her

1. Vom Him-mel hoch da komm'ich her, und bring euch gu-te,__ neu-e Mär', der gu-ten Mär' bring ich so viel, da-von ich singen und sa-gen will.

2. Euch ist ein Kindlein heut gebor'n,
von einer Jungfrau auserkor'n,
ein Kindelein, so zart und fein,
das soll eure Freud' und Wonne sein.

3. Es ist der Herr Christ, unser Gott,
der euch will führ'n aus aller Not,
er will euer Heiland selber sein
und euch von Sünden machen rein.

4. Er bringt euch alle Seligkeit,
die Gott, der Vater, hat berei't,
dass ihr mit uns im Himmelreich,
sollt leben nun und ewiglich.

5. So merket nun das Zeichen recht,
die Krippe, Windelein, so schlecht,
da findet ihr das Kind gelegt,
das alle Welt erhält und trägt.

6. Des lasst uns alle fröhlich sein,
und mit den Hirten gehen hinein,
zu sehn, was Gott uns hat beschert,
mit seinem lieben Sohn verehrt.

7. Merk auf, mein Herz, und sieh dort hin:
Was liegt dort in dem Krippelein?
Wes ist das schöne Kindelein?
Es ist das liebe Jesulein.

8. Sei uns willkommen, edler Gast!
Den Sünder nicht verschmähet hast,
und kommst ins Elend her zu mir,
wie soll ich's immer danken dir?

9. Das hat also gefallen dir,
die Wahrheit anzuzeigen mir,
wie aller Welt Macht, Ehr' und Gut,
von dir nichts gilt, nichts hilft, noch tut.

10. Lob, Ehr'sei Gott im höchsten Thron,
der uns schenkt seinen einz'gen Sohn,
des freuet sich der Engel Schar,
und singet uns solch neues Jahr.

MARTIN LUTHER

Fröbelstern

MATERIAL

4 Papierstreifen 1,5 cm breit und
ungefähr 45 cm lang
(gibt es auch fertig im Bastelgeschäft zu
kaufen)

ANLEITUNG

¶ Die Enden der Papierstreifen leicht
schräg anschneiden, das erleichtert das
spätere Durchziehen der Streifen.

1. SCHRITT

¶ Alle vier Streifen in der Mitte falten
– wie im Bild dargestellt. Den ersten
Streifen um den zweiten Streifen legen.
Mit allen Streifen so verfahren, den
vierten Streifen allerdings nicht um,
sondern durch die Schlaufe des ersten
Streifens stecken. Das entstandene
feste Kreuz zu einem Quadrat zusam-
menziehen.

2. SCHRITT

¶ Dieser Arbeitsschritt erfolgt nur auf
einer Seite und gegen den Uhrzeigersinn.
Den ersten Streifen nach unten knicken,
den vierten Streifen nach rechts darüber
legen, den dritten Streifen nach oben
knicken, den zweiten Streifen nach links
knicken und durch das Laschenquadrat
vom ersten Streifen stecken. Nun ist
ein fest zusammengefügtes Quadrat entstanden.

3. SCHRITT

¶ Das Quadrat in der linken Hand
halten und mit der rechten oberen
Streifenhälfte beginnen. Diesen Streifen
nach hinten umschlagen und ein Dreieck
bilden.

4. SCHRITT

¶ Den gleichen Streifen nun nach
vorn falten und dabei wieder ein Dreieck bilden.

5. SCHRITT

¶ Das rechte Dreieck auf das linke
Dreieck falten. Die so entstandene
Zacke etwas nach hinten biegen, um
den Streifen durch die Lasche des
darunterliegenden Quadrats zu
stecken.
¶ Bei den anderen drei Zacken ebenso
vorgehen. Den Stern auf die andere
Seite drehen und dort mit den vier
Zacken genauso verfahren.
¶ Nun ist ein einfacher, achtzackiger
Stern fertig. Soll er so bleiben, um ihn
eventuell auf eine Karte zu kleben,
müssen die überstehenden Streifen
abgeschnitten werden.

6. SCHRITT

¶ Den Stern wieder in die linke Hand
nehmen. Den rechten oberen Streifen
vorsichtig biegen. Anfangs bietet es
eine kleine Hilfestellung, wenn man
ihn um den linken Zeigefinger biegt.
Er sollte dabei nicht eingeknickt
werden, damit er seine schöne runde
Form behält. Das Streifenende nun
unter den Schlitz des zuerst geknickten
Streifens schieben. Dabei entsteht eine
kleine Tüte, der spätere Zacken. Das
Streifenende kommt nun aus einer
Zacke raus. Vorsichtig daran ziehen.
¶ Bei allen Spitzen so vorgehen und
die überstehenden Streifenenden abschneiden.

REINHARDSWALD, RHEINGAU UND ODENWALD

Hessen

Nikolaus, Nikolaus, Heilger Mann,
zieh die Sonntagsstiefel an!
Reis damit nach Spanien,
kauf Äpfel und Kastanien!
Bring den kleinen Kindern was,
die Großen die lass laufen,
die können selbst was kaufen!

Weihnachtsmarkt
in Frankfurt
im 19. Jahrhundert

Von Bethmännchen, Brenten und Quetschenmännchen. Bethmännchen und Brenten sind feine Weihnachtsplätzchen, Quetschenmännchen hingegen Figuren aus getrockneten Zwetschgen oder Pflaumen. Bei einem Bummel über den festlichen Frankfurter Weihnachtsmarkt kann man unmöglich an ihnen vorbeigehen. Vor der herrschaftlichen Kulisse des Römerbergs findet sich immer ein ruhiges Plätzchen, um diese Leckereien zu genießen. Schon Goethe liebte und lobte die Brenten über alles. Sie durften bei ihm nicht unter dem Weihnachtsbaum fehlen. Eduard Mörike mochte sie so sehr, dass er sogar ein Gedicht über sie verfasste.

Wie die Frankfurter Bethmännchen zu ihrem Namen kamen, ist nicht ganz geklärt. Angeblich ist Napoleon für die Namensschöpfung verantwortlich. Zu Gast im Hause des Stadtrats Bethmann soll er gesagt haben: „Geben Sie mir doch einmal die kleinen Bethmännchen her." Die drei Mandeln auf den Bethmännchen stehen für die Söhne des Stadtrats. Anfänglich waren es vier Mandeln für Moritz, Karl, Alexander und Heinrich. Doch als Heinrich 1845 jung verstarb, wurde die vierte Mandel weggelassen.

* *

Brenten

ZUTATEN

500 g Marzipanrohmasse
150 g Puderzucker
abgeriebene Schale von 1 ungespritzten Zitrone
einige Tropfen Rosenwasser

ZUBEREITUNG

¶ Die Marzipanrohmasse mit dem gesiebten Puderzucker verkneten und mit Rosenwasser und Zitronenschale würzen. Etwa 1 cm dick auf einer mit Mehl bestäubten Arbeitsplatte ausrollen. Die verwendeten Holzmodel (Spekulatius- oder Springerlemodel) ebenfalls mit Mehl bestäuben. Die Model auf das Marzipan drücken, wieder abziehen und über Nacht trocknen lassen.

¶ Am nächsten Tag im vorgeheizten Backofen bei 150 °C auf mittlerer Schiene hellbraun backen.

* *

Frankfurter Brenten

Mandeln ernstlich, rat' ich dir,
nimm drei Pfund, besser vier,
diese werden nun gestoßen
und mit ordinärem Rosenwasser feinsten abgerieben.

Je aufs Pfund Mandel akurat
drei Vierling Zucker ohne Gnad!
Denselben in den Mörser bring,
hierauf ihn durch ein Haarsieb schwing.

Von deinem irdenen Gefäßen
sollst du mir dann ein Ding erlesen,
was man sonst ein Kachel nennt,
doch sei sie neu zu diesem End!
Drin füllen wir den ganzen Plunder
und legen frische Kohlen unter.

Jetzt rühr' und Rühr' ohn' Unterlass,
bis sich verdicken will die Mass',
und rührst du eine Stunde voll!
Am eingetauchten Finger soll
das Kleinste nicht mehr hängen bleiben;
so lange müssen wir es treiben.

Nun aber bringe das Gebrodel
in einer Schüssel (der Poet,
weil ihm der Reim vor allem geht,
will schlechterdings hier ein Model,
indes der Koch auf erstere besteht.)

Darinne drück's zusammen gut!
Und so hat es über Nacht geruht,
sollst du's durchkneten Stück für Stück,
auswellen messerdick.
Je weniger Mehl du streuest ein,
umso besser wird es sein.

Als dann in Formen sei's geprägt,
wie man bei Weingebackenem pflegt;
zuletzt — das wird die Sache frommen —
den Bäcker scharf in Pflicht genommen,
dass sie schön gelb vom Ofen kommen!

EDUARD MÖRIKE

Der Brauch der Nikolausriesen. Bis zum Zweiten Weltkrieg war es in Frankfurt Brauch, lebensgroße Lebkuchenfiguren zu verschenken. Die Schüler schenkten ihren Lehrern Figuren aus Lebkuchen. Diese Figuren waren bis zu zwei Meter groß und wurden anschließend zusammen in der Schule aufgegessen. Von einem Frankfurter Lehrer stammt übrigens das Weihnachtslied „Kling', Glöckchen, klingelingeling".

Im Reich von Frau Holle. Die Märchen der Brüder Grimm und viele Sagen über Frau Holle haben in dem schönen, hessischen Fachwerkstädtchen Lichtenau ihre Wurzeln. Für den Nussknacker-Weihnachtsmarkt kommt Frau Holle aus ihrem unterirdischen Reich am Hohen Meißner und schüttelt eifrig ihre Betten an der Stadtkirche aus. Zwischen Fachwerkhäusern lässt sich der weltgrößte Nussknacker bewundern. In Kassel findet zum Gedenken an die Brüder Grimm ein Märchenweihnachtsmarkt statt. Hinter jedem Türchen des großen Adventskalenders versteckt sich eine liebevoll gestaltete Märchenszene.

Die längste Nacht des Jahres — die Thomasnacht. Am 21. Dezember feierte man früher überall die Wintersonnenwende. In der Thomasnacht musste alles Garn abgesponnen sein, die Bauern gingen mit Räucherwerk durch die Ställe, um das Vieh zu segnen, Burschen zogen von Haus zu Haus und sangen Lieder. In Rüdesheim wird die Thomasnacht in neuer Form wieder belebt. Der Besucher erhält Einblick in die Tradition und Gemütlichkeit der Spinnstuben. Grimmsche Märchen, Hirtenmusik und ein Flammenspektakel in den Weinbergen bieten eine unvergleichliche Rheinromantik. Auf dem Marktplatz von Rüdesheim erstrahlt Europas größte Krippenszene mit lebensgroßen Figuren — umrahmt vom Weihnachtsmarkt der Nationen. Auf ihm präsentiert sich in einzigartiger Weise Weihnachtsbrauchtum aus der ganzen Welt. Gemütliche Restaurants, Weinstuben und die weltberühmte Drosselgasse locken mit regionalen Rheingauer Spezialitäten.

Frau Holle lässt es schneien

Kling', Glöckchen, klingelingeling

1. Kling', Glöck- chen, klin-ge-lin-ge-ling, kling', Glöck- chen, kling'!
Lasst mich ein, ihr Kin - der, ist so kalt der Win - ter,
öff - net mir die Tü - ren, lasst mich nicht er - frie - ren!
Kling', Glöck- chen, klin-ge-lin-ge- ling, kling', Glöck- chen, kling'!

2. Kling', Glöckchen, klingelingeling,
kling', Glöckchen, kling'!
Mädchen hört und Bübchen,
macht mir auf das Stübchen!
Bring euch milde Gaben,
sollt euch dran erlaben.
Kling', Glöckchen, klingelingeling,
kling', Glöckchen, kling'!

3. Kling', Glöckchen, klingelingeling,
kling', Glöckchen, kling'!
Hell erglüh'n die Kerzchen!
Öffne mir dein Herzchen!
Will drin wohnen fröhlich,
frommes Kind, wie selig!
Kling', Glöckchen, klingelingeling,
kling', Glöckchen, kling'!

KARL ENSLIN

Märchenweihnachtsmarkt in Kassel

Ein altes Kinderspielzeug wieder neu entdeckt. Unter dem Weihnachtsbaum steht seit einigen Jahren wieder ein altes Kinderspielzeug, das zwischen Wald-Michelbach und Bad König in liebevoller Handarbeit hergestellt wird, das Odenwälder Schoggelgäulsche. Das Schoggelgäulsche, auf Hochdeutsch Schaukelpferd, darf in Hessen auf keinem Weihnachtsmarkt mehr fehlen. Das gilt auch für Bad Hersfeld mit seinem Weihnachtsmarkt auf dem historischen Linggplatz. Mehr als 300 00 Lichter beleuchten die herrlichen Fassaden und Fachwerkhäuser rund um den Platz. In Darmstadt lädt der Weihnachtsmarkt zu einem Spaziergang zwischen den liebevoll dekorierten Marktbuden ein. Beim Bummel über den weihnachtlichen Markt kehrt bei Alt und Jung das warme Prickeln der geheimnisvollen Zeit ins Herz zurück. Zu dieser feierlichen Zeit gehören natürlich auch die festlichen Adventskonzerte im Limburger Dom, die Hirtenmessen am frühen Morgen des ersten Weihnachtstags und ein gefüllter Streuselkuchen zum Weihnachtskaffee.

Gänsebraten mit hessischer Füllung

ZUTATEN FÜR 4—6 PERSONEN

1 Gans (etwa 4–5 kg), küchenfertig und
    vorbereitet mit Magen, Leber und Herz
Salz
Pfeffer
400 g Schweinehackfleisch
1 kleine Zwiebel
2 Brötchen vom Vortag
2 Eier
Muskatnuss
1 Bund Petersilie, gehackt
evtl. 1–2 EL Speisestärke

ZUBEREITUNG

¶ Die Gans waschen, trocken tupfen, außen
leicht salzen und pfeffern. Vom Gänsemagen
die harte Haut abschneiden. Den Magen im
Salzwasser leicht vorkochen. Leber und Herz
putzen und waschen. Die Zwiebel pellen und
fein würfeln. Die Brötchen in Wasser einweichen.
¶ Die Innereien durch den Fleischwolf drehen.
Dann mit Schweinehack, Zwiebel, Eiern und
den gut ausgedrückten Brötchen zu einem Teig
verarbeiten. Mit Salz, Pfeffer und Muskat kräftig
würzen. Die gehackte Petersilie unterrühren.

¶ Die Gans mit der Masse füllen, zunähen, mit der Brust nach unten in einen Bräter setzen und diesen mit ½ l Wasser füllen. Die Gans im vorgeheizten Backofen bei 180–200 °C 3–4 Stunden unter regelmäßigem Begießen goldbraun braten, dabei nach einer Stunde wenden. In den letzten 15 Minuten mit Salzwasser bepinseln, damit sie schön knusprig wird.

¶ Die Gans aus dem Bräter nehmen und im abgeschalteten Backofen warm stellen. Das Fett im Bräter abschöpfen. Die Soße eventuell mit Speisestärke binden.

¶ Zur Gans Kartoffelklöße und Rot- oder Sauerkraut, Rosenkohl oder Porree servieren.

Bethmännchen

ZUTATEN FÜR 24 STÜCK

250 g Marzipanrohmasse
1 Eiweiß
20 g Puderzucker
50 g abgezogene halbierte Mandeln
Rosenwasser (aus der Apotheke)

ZUBEREITUNG

¶ Die Marzipanrohmasse mit 15 g Zucker und etwas Rosenwasser gut durchkneten. Daraus 2 cm dicke Kugeln formen. Dann die Bethmännchen leicht mit Rosenwasser bestreichen und drei halbe Mandeln mit der Spitze nach oben andrücken.

¶ Über Nacht trocknen lassen. Den restlichen Zucker mit dem Eiweiß mischen und die Bethmännchen nochmals bepinseln.

¶ Auf ein mit Backpapier belegtes Backblech setzen und bei 100 °C so lange leicht backen, bis die Kugeln hellbraun sind.

Quetschenmännchen

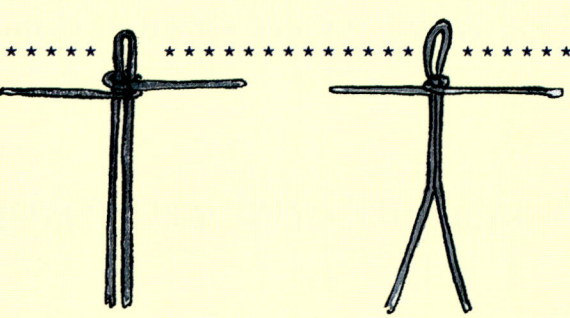

MATERIAL

getrocknete Zwetschgen / Pflaumen / Feigen
Blumendraht
Filzreste
Filzstifte
Walnüsse
Holz- oder Korkscheiben

ANLEITUNG

¶ Zuerst zwei Drähte wie auf der Illustration zu einem Körper formen. Große gedörrte Zwetschgen auf die Drähte ziehen. Die Drahtenden nach innen biegen. Für den Leib kann man auch getrocknete Feigen verwenden.
¶ In die obere Drahtschlinge eine Walnuss klemmen und diese mit einem Gesicht bemalen.
¶ In eine Holz- oder Korkscheibe zwei Löcher bohren und die Figur mit Draht daran befestigen, damit sie steht.
¶ Aus den Filzresten kleine Hütchen formen und diese den Quetschenmännchen auf den Kopf setzen.

WESTERWALD, SAAR, HUNSRÜCK UND PFÄLZERWALD

Rheinland-Pfalz und Saarland

Niklaus, Niklaus huckepack,
schenk uns was aus deinem Sack!
Schüttle deine Sachen aus,
gute Kinder sind zu Haus.
HUNSRÜCK

Knecht Ruprecht aus dem Walde,
komm zu uns nun balde.
Bring uns süße Äpfel mit,
nach gutem Brauch und alter Sitt.
SAARLAND

Winterlandschaft bei Trier

Zu Nikolaus gibt es im Saarland die Weckmännchen. Weckmännchen sind lustige Kerle aus Hefeteig, mit Rosinen für Augen und Mund sowie einer kleinen Pfeife. Sie werden im Saarland aber nicht vom Nikolaus, sondern von seinem Begleiter Knecht Ruprecht an die braven Kinder verteilt. In der Adventszeit trifft man Knecht Ruprecht beim Verteilen der Weckmännchen auf dem Christkindlmarkt in Saarbrücken. In ein Meer aus Lichtern getaucht und in vorweihnachtliche Klänge eingebettet, so präsentiert sich der Christkindlmarkt im historischen Kern von Saarlouis. Anfang Advent verwandelt sich die Fußgängerzone von Merzig in eine stimmungsvolle Szenerie. Für die Kinder gibt es im Weihnachtshaus eine kleine Kinderwerkstatt. Hier können sie ungestört Weihnachtsgeschenke für die Eltern basteln.

Der hl. Nikolaus hat sein Postamt im Saarland. Seit mehr als 35 Jahren beantwortet man auf traditionelle Art die Briefe, die der Nikolaus nach Großrosseln geschickt bekommt. Die Adresse lautet: An den Nikolaus, 66352 Großrosseln.

Frau Holle

Schneeflocken wirbeln um und um,
im Garten blüht die Weihnachtsblum.
Frau Holle fährt im Dorf herum:
Schnurre, Rädchen, schnurre!

Der Mond blickt aus dem Wolkengraus,
weist ihr den Weg zu jedem Haus,
dass sie die Flinksten findet aus:
Schnurre, Rädchen, schnurre!

Bemerkt sie wo noch ein Schein,
Frau Holle hält und schaut hinein;
Die munter drehn, belohnt sie fein:
Schnurre, Rädchen, schnurre!

MARTIN GREIF

Von der besonderen Zeit zwischen dem alten und dem neuen Jahr. In den Rauhnächten zwischen Weihnachten und Neujahr werden im Saarland uralte Bräuche wach und in den ländlichen Gebieten teilweise noch zelebriert. Dort geht der Landwirt in diesen besonderen Nächten mit Weihrauch durch den Stall, um das Vieh zu segnen. Auch glaubt man vorhandene Geister zu verscheuchen, indem man einen Besen verkehrt herum in eine Ecke stellt.

Eine Kostbarkeit birgt die Kirche St. Johann in Dillingen. Von dem niederländischen Künstler Lucas van der Leyden stammt das Triptychon aus dem 16. Jahrhundert mit Szenen aus der Weihnachtsgeschichte, das dort in der Adventszeit ausgestellt wird.

In Trier reihen sich die bunt geschmückten Holzhäuschen des Weihnachtsmarkts um den imposanten Dom. Vor der bezaubernden Kulisse des mittelalterlichen Hauptmarkts nimmt der Nikolaus sich regelmäßig Zeit für die Kinder.

In der Nibelungenstadt Worms duftet es auf dem Weihnachtsmarkt nach herbem Tannengrün und süßem Bienenwachs und Lebkuchen. Und wenn es an den Abenden so richtig klirrend kalt ist, schmeckt der Glühwein auf dem romantischen Obermarkt nochmal so gut.

Im Rheinland führt der heilige Mann Hans Muff mit sich. Erst mit der Reformation trat Knecht Ruprecht an die Stelle des Kinderschrecks. In der Pfalz kommt an seiner Stelle Hans Trapp. Diese Figur geht auf den Hofmarschall des Pfälzer Kurfürsten namens Hans von Trotha zurück. Der um 1460 geborene Ritter lebte auf der Burg Berwartstein in der Pfalz

Lucas van der Leyden: Mariä Verkündigung

Spekulatiusmodel

und quälte vor allem die benachbarten Elsässer. Seitdem gilt er dort unter dem Namen Hans Trapp als ausgemachter Bösewicht. Eingehüllt in einen dicken Pelzmantel und mit einer Rute begleitet er als Kinderschreck seither den hl. Nikolaus. In der südlichen Eifel heißt Knecht Ruprecht heute noch Pelzbock und im südlichen Hunsrück Pelznickel. In Teilen der Eifel nennt man den hl. Nikolaus, Niklos oder Klos. Die Kinder stellen für das Eselchen vom Nikolaus ein Bündel Heu und geschnittene Runkelrüben als gastliche Gaben vor die Haustür. Natürlich hoffen sie, damit auch den Besitzer des Esels gnädig zu stimmen. Ihm zu Ehren entstand im Hunsrück das Lied „Lasst uns froh und munter sein."

Wie der Spekulatius zu seinem Namen kam. Der Bischof Nikolaus zierte in der Vorweihnachtszeit oft Weihnachtsgebäck. Holzschnitzer schnitzten kostbare Holzmodel, die dem Gebäck Form und Aussehen gaben. Das mit edlen Gewürzen verfeinerte Gebäck erhielt den Namen Spekulatius vermutlich vom lateinischen Beinamen des hl. Nikolaus: speculator, auf Deutsch der Schauende. Dieses zerbrechliche Weihnachtsgebäck findet man zur Weihnachtszeit nicht nur in der Domstadt Speyer, wo im Dom wunderschöne, festliche Konzerte stattfinden. Die imposante Kulisse des Doms und das gemütliche Ambiente der Innenstadt verbreiten eine geruhsame, feierliche Stimmung auf dem Speyrer Weihnachtsmarkt. Hier kann man in aller Ruhe der vorweihnachtlichen Hektik entfliehen. In Cochem an der Mosel erleben Besucher eine romantische Burgweihnacht mit weihnachtlichem Kunsthandwerk und Leckereien in der Burganlage. Einen Höhepunkt bildet die von Laienschauspielern vorgetragene Weihnachtsgeschichte.

Der Pfefferkuchenmann

Er ist nicht mal aus Afrika
und doch so braungebrannt.
Wo kommt er her? Ich dacht's mir ja:
aus dem Pfefferkuchenland!
Hat Augen von Korinthen und Mandeln drum und dran.
Wie schön ihn alle finden –
den Pfefferkuchenmann.

Er freut sich auf den Weihnachtsbaum,
da möchte er drunterstehn.
Den Lichterglanz — er glaubt es kaum —,
den will er sich besehn,
mit Augen von Korinthen
und Mandeln drum und dran.
Wie herrlich wird er's finden –
der Pfefferkuchenmann!

Wär ich nicht nur solch Leckerschnut
und könnte widerstehen,
dann wär ja alles schön und gut,
wär alles gut und schön.
Wie wohl Korinthen schmecken?
Sind Mandeln ein Genuss?
Ich will ganz schnell mal lecken
am süßen Zuckerguss.

Und steht der Baum im Kerzenlicht,
und ist es dann soweit –
da fehlt doch wer, der sieht das nicht;
nun tut's mir selber leid.
Vernascht sind die Korinthen,
die Mandeln drum und dran …
Er ist nicht mehr zu finden –
der Pfefferkuchenmann.

ERIKA ENGEL

Pfälzer Rebhühner

ZUTATEN FÜR 4 PERSONEN

4 Rebhühner, küchenfertig
Salz
Pfeffer
500 g blaue Weintrauben
4 cl Weinbrand
300 g fetter Speck
½ l Rotwein
¼ l saure Sahne
1 EL Speisestärke

ZUBEREITUNG

¶ Rebhühner innen und außen waschen, trocken tupfen, salzen und pfeffern.

¶ Die Weintrauben waschen, halbieren und entkernen. Die Hälfte der Weintrauben in eine Schüssel geben, mit dem Weinbrand übergießen und 15 Minuten ziehen lassen. Diese Trauben in die Rebhühner geben. Die Rebhühner mit Küchengarn zunähen. Den in der Schüssel verbliebenen Weinbrand über die Rebhühner träufeln.

¶ Zwei Drittel des Specks in dünne Scheiben schneiden, Rebhühner damit belegen und mit Küchengarn festbinden. Den restlichen Speck würfeln und im Schmortopf auslassen, die Grieben mit der Schaumkelle entfernen. Die Rebhühner im heißen Speckfett rundherum anbraten. 2 EL der restlichen Trauben zugeben, mit einem kleinen Schuss Rotwein ablöschen.

¶ Den Topf zudecken und im vorgeheizten Backofen bei 180 °C auf der mittleren Schiene eine Stunde schmoren lassen. Alle 20 Minuten einen kleinen Schuss Rotwein zugießen. Danach die Speckscheiben von den Rebhühnern lösen, aber im Topf belassen.

¶ Die Hälfte der sauren Sahne über die Rebhühner gießen und offen im Backofen 10–15 Minuten übergrillen. Rebhühner aus dem Topf nehmen, im abgeschalteten Backofen warm stellen.

¶ Den Topf auf eine heiße Herdplatte stellen, Speckscheiben herausnehmen, Bratenansatz mit dem restlichen Wein loskochen. Restliche saure Sahne mit der Speisestärke verquirlen, in die Soße geben und mit Salz und Pfeffer abschmecken. Soße in eine Sauciere füllen.

¶ Rebhühner auf einer Platte mit den restlichen Trauben und mit Schupfnudeln servieren.

Spekulatiusmousse mit Orangensauce

ZUTATEN FÜR 6 PERSONEN

60 g Spekulatius
2–4 cl Orangenlikör
150 g Halbbitterschokolade
3 Eier
200 g süße Sahne
2 Päckchen Bourbonvanillezucker
6 Orangen
2 EL Zucker
1 gestrichener EL Speisestärke
2 cl Orangenlikör
gehackte Pistazien und dünne Orangenscheiben
    zum Garnieren

ZUBEREITUNG

¶ Spekulatius in kleine Stücke zerbrechen und mit dem Orangenlikör
beträufeln. Die Schokolade im Wasserbad schmelzen und wieder etwas
abkühlen lassen.

¶ Die Eier trennen, Eiweiß steif schlagen und kühl stellen. Die Sahne
ebenfalls steif schlagen und kühl stellen.

¶ Eigelb mit einem Päckchen Vanillezucker in einer Schüssel weißschaumig rühren. Die Schokolade unter die Eigelbmasse ziehen.

¶ Die Keksstücke unter die Schlagsahne heben und anschließend
unter die Schokoladen-Eigelbmasse heben. Zuletzt den Eischnee vorsichtig unterziehen. Mousse in kleine Förmchen füllen und mindestens 3 Stunden in den Kühlschrank stellen.

¶ Für die Soße drei Orangen schälen und filetieren. Die übrigen
Orangen auspressen und den Saft in einem Topf mit Zucker und dem
zweiten Päckchen Bourbonvanillezucker aufkochen. Währenddessen
die Speisestärke mit dem Orangenlikör anrühren. Sobald der Saft
kocht, die angerührte Speisestärke mit einem Schneebesen einrühren.
Die Soße 10 Minuten leicht köcheln lassen, die Orangenfilets hineingeben und noch einmal kurz aufkochen lassen. Die fertige Soße kalt
stellen.

¶ Mousse aus den Förmchen stürzen, Orangensoße daneben setzen
und mit den Pistazien und den Orangenscheiben verzieren.

Feigenschäumchen

ZUTATEN

160 g getrocknete Feigen
160 g Mandelstifte
2 Eiweiß
120 g Puderzucker
40–50 Backoblaten
Puderzucker zum Bestäuben

ZUBEREITUNG

¶ Fein gewürfelte Feigen und Mandelstifte
in einer Pfanne unter ständigem Rühren leicht
bräunen. Danach abkühlen lassen.
¶ Eiweiß mit dem Puderzucker sehr steif
schlagen. Feigen und Mandeln unter den
Eischnee heben.
¶ Mit zwei Teelöffeln kleine Teighäufchen
auf die Oblaten setzen.
¶ Bei 140–150 °C circa 25 Minuten im Backofen
leicht bräunen und nach dem Abkühlen mit
Puderzucker bestäuben.

Saarbrücker Fleischpastete

ZUTATEN FÜR 8 PERSONEN

1 kg Schweinefleisch (aus dem Kamm
   ohne Knochen)
1 große Zwiebel
3 Lorbeerblätter
6 Nelken
8 Wacholderbeeren
1 TL gemahlener Koriander
¾ l Rotwein
⅛ l milder Weinessig
300 g Mehl

15 g Hefe
1 TL Zucker
⅛ l lauwarme Milch
75 g Butter
1 Ei
Salz
Butter für die Form
250 g gewürztes Schweinemett
Pfeffer
250 g saure Sahne
1 Eigelb

ZUBEREITUNG

¶ Das Schweinefleisch in 2 cm große Würfel schneiden.

¶ Die Zwiebel schälen und in Würfel schneiden. Das Fleisch mit Zwiebeln, Lorbeerblättern, Nelken, Wacholderbeeren, Koriander, Rotwein und Essig vermischen und etwa 24 Stunden marinieren lassen.

¶ Am nächsten Tag Mehl in eine Schüssel geben und eine Mulde hineindrücken. Hefe mit Zucker und 50 ml Milch verrühren und in die Mulde gießen. Mit etwas Mehl zu einem Vorteig verrühren. Ungefähr 15–20 Minuten an einem warmen Ort gehen lassen.

¶ Die restliche Milch mit Butter, Ei und Salz verrühren. Mit dem Vorteig zu einem glatten Hefeteig verkneten. Zwei Drittel des Teigs zu einem großen Rechteck ausrollen. Eine ausge-

fettete Springform damit auslegen, dabei einen Rand hochziehen.

¶ Das Fleisch aus der Marinade nehmen, trocken tupfen und mit dem Schweinemett vermischen. Mit Salz und Pfeffer würzen. Auf dem Teig verteilen und die saure Sahne darüber gießen.

¶ Den restlichen Teig zu einem Kreis etwas größer als die Form ausrollen. Das Fleisch damit bedecken, die Ränder leicht andrücken.

¶ Aus dem Deckel in der Mitte ein Loch ausstechen. Den Deckel mit den Teigresten verzieren, beispielsweise mit ausgestochenen Weihnachtsmotiven, und mit Eigelb bestreichen.

¶ Die Pastete im auf 180 °C vorgeheizten Backofen etwa 1,5 Stunden backen. Nach 1 Stunde mit Pergamentpapier abdecken.

¶ In der Form servieren. Dazu einen grünen Salat reichen.

Lasst uns froh und munter sein

1. Lasst uns froh und mun-ter sein, und uns recht von Her-zen freun.
Lus-tig, lus-tig, tral-le-ral-le-ra, bald ist Ni-ko-laus-
-a-bend da! bald ist Ni-ko-laus - a-bend da!

2. Dann stell ich den Teller auf,
Niklaus legt gewiss was drauf.
Lustig, lustig, tralleralera,
bald ist Nikolausabend da!

3. Wenn ich schlaf', dann träume ich,
jetzt bringt Niklaus was für mich.
Lustig, lustig, tralleralera,
bald ist Nikolausabend da!

4. Wenn ich aufgestanden bin,
lauf ich schnell zum Teller hin.
Lustig, lustig, tralleralera,
bald ist Nikolausabend da!

5. Niklaus ist ein guter Mann,
dem man nicht g'nug danken kann.
Lustig, lustig, tralleralera,
bald ist Nikolausabend da!

VOLKSWEISE
AUS DEM HUNSRÜCK

Drei Kön'ge wandern aus dem Morgenland

1. Drei Kön'-ge wan - dern aus Mor-gen-land; ein Stern-lein führ sie zum
2. glän - zet des Ster-nes Schein, zum Stal - le ge-hen die

Jor-dan-strand. In Ju - da frag-ten und forsch-ten die drei, wo_ der
Kön'-ge ein; das Knäb-lein schau-en sie won-nig-lich, an-be-tend

neu-ge-bo-re-ne Kö - nig sei? Sie wol-len Weih-rauch, Myr-rhen und
nei - gen die_ Kön'-ge_ sich; sie brin-gen Weih-rauch, Myr-rhen und

Gold dem Kin-de_ spen-den zum Op-fer-sold. 2. Und hell er-
Gold zum Op-fer_ dar_ dem

2. Knäb-lein hold._ 3. O Men-schen-kind! hal-te treu-lich Schritt!

Die Kön'-ge wan-dern, o wand-re mit! Der Stern der Lie-be, der Gna-de

Stern, er-hel-le dein Ziel, so du suchst den Herrn, und feh-len Weih-rauch Myr-rhen und

Gold, schen-ke dein Herz dem_ Knäb-lein_ hold! Schenk ihm dein Herz!

* *

Porzellan
weihnachtlich bemalt

MATERIAL

Porzellan
Porzellanmalstifte oder -farben
    zum Fixieren im Backofen
    (im Bastelgeschäft erhältlich)
Pinsel
Kohlepapier

ANLEITUNG

¶ Das Motiv mit Kohlepapier auf das
gereinigte Porzellan übertragen oder es
frei ohne Entwurf auf das Porzellan
zeichnen. Anschließend mit den Farben ausmalen und trocknen lassen.
¶ Dann das bemalte Porzellan im
Backofen nach der Angabe vom Far-
benhersteller fixieren.
¶ Mit einem feuchten Tuch vorsichtig
prüfen, ob die Farbe „eingebrannt" ist,
und das Brennen gegebenenfalls noch
einmal wiederholen.

VON KRAICHGAU BIS ZUM BODENSEE

Baden-Württemberg

Wo die Kinder folgen gern,
da bring ich Nuss und Mandelkern,
Äpfel, Birnen, Hutzel und Schnitz
für den Hansl und Heiner,
für den Franzl und Fritz.

AUS BADEN

In Baden-Württemberg kommt der hl. Nikolaus in Begleitung von Knecht Ruprecht. Da Baden und Schwaben nicht gegensätzlicher sein können, gibt es auch verschiedene Bezeichnungen für den hl. Nikolaus und Knecht Ruprecht. Im evangelischen Schwaben heißt der hl. Nikolaus Santiklas, Samiclaus und Nussmärte (Nussmartin). Sein Begleiter, der Knecht Ruprecht, heißt stellenweise im katholischen Baden auch Glockenschellenmann, am Bodensee Schmutzbartel und in Schwaben Pelzmärtel (Pelzmartin).
In einem aber sind sich die Badener und Württemberger einig: Weihnachten kommt das „Krischtkind" (Christkind).

„Das Krischtkindle kommt von daobe", rufen begeistert die Kinder. Am Heiligabend, zum Christkindle Ralau, hält es keinen echten Biberacher im Haus. Denn dann wird das Christkind heruntergelassen, sprich, es steigt aus seinem Himmel herab. Genauer genommen aus dem obersten Fenster eines Hauses am Marktplatz. Gegen fünf Uhr nachmittags verdunkelt sich der Biberacher Marktplatz und mehrere Hundert Besucher verharren in totaler Stille. Dann ist es so weit. Das hell erleuchtete Christkind erscheint und sinkt langsam zur Erde. Dazu singt die Menge ergriffen „Stille Nacht". Das Biberacher Christkind stammt von dem Bildhauer Georg Lesehr. Wenn das Licht auf dem Marktplatz wieder erstrahlt, entschwindet es zurück in seinen Himmel. Die Kinder bekommen nun nach altem Brauch Lebkuchen vom Christkind geschenkt. Auf diesen ergreifenden Brauch wollten auch die in Berlin wohnhaften Biberacher nicht verzichten. Daher gibt es seit einigen Jahren nun auch in der Hauptstadt das Christkindle Ralau.

Christkind

Schwedische Weihnacht im Kraichgau. Wenn Axel Graf Douglas die Kerzen auf dem Kopf der hl. Lucia entzündet, dürfen sich die Besucher auf weihnachtliche Stunden im idyllischen Märchenschloss Gondelsheim freuen. Der Hausherr lädt ganz im Sinne seiner schwedischen Vorfahren zum Luciamarkt ein. Jagdhornbläser, Weihnachtstänze und regionale Spezialitäten runden den Bummel ab. Für einen guten Zweck bietet die hl. Lucia ein traditionelles Weihnachtsgebäck, die Lussekatt (Luciakatzen), an.

Altdeutsche Weihnachten finden an den Adventswochenenden in Bad Wimpfen statt. Der süße Duft von Glühwein, Lebkuchen und Tannenzweigen erinnert an das nahe Weihnachtsfest. Die ehemalige Stauferpfalz verzaubert mit ihrer Altstadt und dem weihnachtlich beleuchteten Blauen Turm.

Weihnachtliche Choräle machen den Altdeutschen Weihnachtsmarkt zu einem stimmungsvollen und unvergesslichen, vorweihnachtlichen Ereignis.

Neben diesen bekannten großen Märkten ist Baden-Württemberg jedoch besonders für die kleineren, regionalen Weihnachtsmärkte bekannt. Sie sind es, die die Leute dazu anhalten, einmal innezuhalten, um sich auf das kommende Weihnachtsfest einzustimmen.

Im Land der Anisbredle, Flachswickel, Springerle, Spitzbube, Schwabebrötli und Dampedei. In keinem anderen Bundesland existiert eine so vielfältige Weihnachtsbäckerei wie in Baden-Württemberg. Zu den Klassikern kommen noch die familieneigenen Rezepte und Variationen. Vor allem in Baden sind die Plätzchenteller – oder Bredle (von Brötchen), wie sie hier heißen – für ihre Vielfalt bekannt. Das Anisgebäck Springerle gibt es in Baden und Schwaben. Wie beim Spekulatius backt man auch Springerle in einem speziellen Holzmodel. Als Vorlagen dienen religiöse Motive, Blumen und Tiere. Besonders hübsche Springerle werden mit Lebensmittelfarbe bemalt und an den Christbaum gehängt.

Am Nikolaustag bringt der hl. Nikolaus in Baden ein Gebildebrot aus Hefeteig: den Dampedei. Nach einer Überlieferung soll ein Bäcker namens Vorholz dieses Gebildebrot im 19. Jahrhundert aus Straßburg nach Karlsruhe gebracht haben.

Ein ursprünglich badisches Weihnachtsgebäck ist das Hutzelbrot – ein Früchtebrot, das von Nikolaus bis Maria Lichtmess gegessen wird. Typische Zutaten für das Hutzelbrot sind neben den getrockneten Birnen getrocknete Zwetschgen. Sie sorgen im Gegensatz zu getrockneten Pflaumen für einen herb-süßlichen Geschmack. Hinzu kommen Feigen, Zitronat, Orangeat und Rosinen. In einem alten badischen Schulkochbuch steht allerdings: Die sparsame Hausfrau lasse die teuren Zutaten (Feigen, Zitronat

und Orangeat) weg und ersetze sie durch selbst getrocknete Zwetschgen. Ändert sich das Mischverhält-
nis des verwendeten Obstes und kommen mehr getrocknete Birnen hinzu, so wird es zum schwäbischen
Birewecke.

Zum Weihnachtsfest darf auf dem Speiseplan eines
echten Schwaben die Gelbrübe, die Karotte, nicht
fehlen. Der reichliche Verzehr dieses Gemüses zu
Weihnachten soll vor Dummheit schützen.

Im Badischen gibt es Weihnachten Kartoffelsalat mit
heißen Würsten, im Schwarzwald das für die Region
typische Schäufele (gepökelte und geräucherte
Schweineschulter) mit Kartoffelbrei oder Kartoffelsalat und Senf.

**Zum traditionellen Weihnachtsschmuck im süd-
deutschen Raum gehört die Adventspyramide,
auch Paradeisl genannt.** Bevor sich der Adventskranz durchsetzte, wurde in Süddeutschland das Paradeisl aufgestellt – zur Erinnerung an Adam und Eva
und deren Vertreibung aus dem Paradies. Der
24. Dezember ist in der katholischen Kirche auch
der Namenstag von Adam und Eva.

Das Paradeisl besteht aus Äpfeln, die durch bemalte
Holzstäbe, pyramidenförmig miteinander verbunden sind. Auf die Äpfel wird jeweils eine Kerze ge-
steckt. Oft schmücken auch Buchsbaum und
Strohsterne die Pyramide.

Groß und mit Heu ausgelegt, so präsentiert sich
eine echte Schwarzwälder Krippe. Bis nach dem
Krieg reichte ein Blick ins weihnachtlich geschmückte Wohnzimmer, um zu sehen, welcher
Konfession die Bewohner angehörten. Waren sie
evangelisch, so stand dort ein Adventskranz. Waren
sie katholisch, fand man eine Krippe unter dem
Christbaum. Auf dem Freiburger Weihnachtsmarkt
gibt es beides. Zur Weihnachtszeit zeigt sich die alte
Universitätsstadt von ihrer schönsten Seite. Wer es
etwas ruhiger und besinnlicher mag, dem steht das
wunderschöne Freiburger Münster jederzeit offen.
Jährlich lockt die hölzerne Budenstadt um die Hei-
liggeistkirche etliche Tausend Besucher aus dem In-
und Ausland nach Heidelberg. Aber auch die Weihnachtsmärkte auf dem Universitäts- und dem Markt-

Hutzelbrot

*Weinbeer, Mandel, Sultaninen,
süße Feigen und Rosinen,
welsche Nüsse, fein geschnitten,
Zitronat auch, muss ich bitten,
Birenschnitze doch zumeist
und dazu den Kirschengeist,
wohl geknetet mit der Hand
alles kräftig durcheinand,
und darüber Teig gewoben –
heißa! Das muss ich loben,
solch ein Brot kann's nur im Leben
jedesmal zur Weihnacht geben.*

ISABELLA BRAUN

platz ziehen die Gäste an. Über ihnen allen thront das romantische Hei-
delberger Schloss. Es fällt schwer, sich dieser besonderen Atmosphäre in
der alten Universitätsstadt zu entziehen. Betriebsamer, aber nicht weniger
schön geht es auf dem Karlsruher Marktplatz und vor dem Schloss zu. In
Stuttgart liegt der Weihnachtsmarkt parallel zur Königsstraße und er-
streckt sich über viele Höfe und Gassen. Nur wenige Schritte weiter, auf
dem Schlossplatz, ist ein zauberhaftes Märchenland für die kleinen Besucher aufgebaut. Auch die Barockweihnachtsmärkte in Ludwigsburg und
Rastatt verzaubern die Besucher. In Baden-Baden eröffnet das Christkind
seinen Markt vor dem Kurhaus, während das Rathaus von Gernsbach als
das größte Adventskalenderhaus der Welt erstrahlt. Ein beliebtes Ziel ist
auch der „Weihnachtsmarkt am See" in Konstanz.

Alle Jahre wieder

1. Al - le Jah - re wie - der kommt das Chris-tus - kind
auf die Er - de nie - der wo wir Men-schen sind.

*2. Kehrt mit seinem Segen
ein in jedes Haus,
geht auf allen Wegen
mit uns ein und aus.*

*3. Ist auch mir zur Seite,
still und unerkannt,
dass es treu mich leite
an der lieben Hand.*

FRIEDRICH SILCHER

Schäufele mit Kartoffelsalat

ZUTATEN FÜR 6–8 PERSONEN

1 Schäufele (etwa 3 Pfund)
1,5 kg festkochende Kartoffeln
Salz
1 große Zwiebel
¼ l Fleischbrühe
3 EL Öl
3 EL Schmand oder saure Sahne
4 EL Weißweinessig
Pfeffer aus der Mühle
½ Bund Petersilie

ZUBEREITUNG

¶ Einen großen Topf Wasser zum Kochen bringen. Schäufele hineingeben und etwa 1,5 Stunden zugedeckt sieden lassen.

¶ Inzwischen die Kartoffeln am besten im Dampftopf mit etwas Wasser und einer Prise Salz gar kochen, pellen, in dünne Scheiben schneiden und in eine Schüssel geben.

¶ Die Zwiebel pellen und fein hacken, mit Salz bestreuen und zu den Kartoffelscheiben geben. Fleischbrühe, Öl und Essig zugießen und den Salat gut vermischen. Den Schmand unterheben und mindestens 30 Minuten durchziehen lassen.

¶ Den Schäufeleknochen auslösen, das Fleisch in Scheiben schneiden und auf einer Platte anrichten.

¶ Den Kartoffelsalat mit Salz, Pfeffer und Essig abschmecken und mit Petersilie garnieren.

Dampedei

ZUTATEN FÜR 6–8 STÜCK

¼ l Milch
30 g Hefe
50 g Zucker
60 g Butter
500 g Mehl
1 Ei
Salz
1 abgeriebene, unbehandelte Zitronenschale
1 Eigelb zum Bestreichen
Rosinen und abgezogene Mandeln zum Garnieren

ZUBEREITUNG

¶ Die Milch leicht erwärmen. Die Hefe in eine Schüssel geben, mit 1 TL Zucker und etwas Milch verrühren und an einem warmen Ort 20 Minuten gehen lassen, bis der Vorteig sich verdoppelt hat.

¶ Die Butter in der restlichen Milch zerlassen. Das Mehl in die Schüssel zur Hefe sieben. Den restlichen Zucker, das Ei, eine Prise Salz und die Zitronenschale dazugeben. Alle Zutaten mit dem Knethaken des Handrührgeräts verrühren und langsam die Butter-Milch-Mischung einlaufen lassen. Den Teig so lange kneten, bis er Blasen wirft und sich vom Schüsselrand löst. Anschließend zugedeckt etwa 45 Minuten an einem warmen Ort gehen lassen.

¶ Den Backofen auf 180 °C vorheizen. Ein Backblech mit Backpapier auslegen. Den Teig nochmals durchkneten, in 6–8 Stücke teilen und aus jedem Stück eine Figur mit Kopf, Rumpf, Armen und Beinen formen. Die Weckmännchen auf das Backblech setzen, das Eigelb verquirlen und die Dampedeis damit bestreichen. Mit den Rosinen Augen, Nase und Mund formen. Die Mandeln zum Verzieren der Hände und Füße benutzen.

¶ Die Weckmännchen im Ofen, auf der zweiten Leiste von unten 20–25 Minuten backen.

¶ Frisch schmeckt der Dampedei am besten.

Hutzelbrot

ZUTATEN

1 kg Roggenmehl
500 g Weizenmehl
¼ l Wasser
1 EL Salz
25 g Hefe
500 g getrocknete Birnen
400 g getrocknete Zwetschgen
100 g getrocknete Aprikosen
   (durch Zwetschgen
   ersetzbar)
250 g getrocknete Feigen
1,5 l Wasser
300 g Zucker
125 g Korinthen
125 g Sultaninen
40 g Zitronat
40 g Orangeat
½ TL Zimt
1 TL Nelken
⅙ l Kirschwasser
Walnüsse, Mandeln und
   kandierte Kirschen zum
   Verzieren

ZUBEREITUNG

¶ Die getrockneten Birnen, Aprikosen und Feigen über Nacht in 1,5 l Wasser einweichen.
¶ Am nächsten Tag mit dem Zucker kurz aufkochen und durch ein Sieb gießen. Den Sud auffangen. Die Früchte dürfen nicht zu weich werden.
¶ Aus Mehl, Hefe und dem lauwarmen ¼ l Wasser einen Vorteig ansetzen und etwa 30 Minuten an einem warmen Ort gehen lassen.
¶ Anschließend aus Vorteig, etwas Obstbrühe und Salz einen Brotteig herstellen. Er sollte mindestens eine ¾ Stunde geknetet werden. Darunter die Früchte, Orangeat, Zitronat, Kirschwasser und die Gewürze mengen. Dabei immer wieder die Hände in das Obstwasser tauchen, damit der Teig nicht an den Händen klebt und die Früchte nicht zu Brei werden.
¶ Aus dem Teig 5 Laibe formen und mit der Obstbrühe glatt streichen.
¶ Auf ein mit Mehl bestäubtes Brett legen und zugedeckt über Nacht gehen lassen. Nochmals mit der Obstbrühe bestreichen und je nach Geschmack mit Walnüssen, Mandeln und kandierten Kirschen verzieren.
¶ Im vorgeheizten Backofen auf einem mit Backpapier belegten Backblech bei 140–160 °C 1,5 Stunden backen. Die Laibe aus dem Ofen nehmen und noch einmal mit der Obstbrühe bestreichen.

Schlaf wohl, du Himmelsknabe du

1. Schlaf wohl, du Him-mels-kna-be du, schlaf wohl, du sü-ßes Kind! Dich fä-cheln En-ge-lein in Ruh mit sanf-ten Him-mels wind. Wir ar-men Hir-ten sin-gen dir ein her-zig's Wie-gen-lied-lein für: Schla-fe, schla-fe, Him-mels-söhn-chen, schla-fe.

2. Maria hat mit Mutterblick
dich leise zugedeckt,
und Josef hält den Hauch zurück,
dass er dich nicht erweckt.
Die Schäflein, die im Stalle sind,
verstummen vor dir, Himmelskind.
Schlafe, schlafe, Himmelssöhnchen, schlafe.

3. Bald wirst du groß, dann fließt dein Blut
Von Golgatha herab.
Ans Kreuz schlägt dich der Menschen Wut,
dann legt man dich ins Grab.
Hab immer deine Äuglein zu,
denn du bedarfst der süßen Ruh.
Schlafe, schlafe, Himmelssöhnchen, schlafe.

CHRISTIAN FRIEDRICH DANIEL SCHUBART

Springerle

ZUTATEN

5 Eier
500 g Zucker
750 g Mehl
2 g Hirschhornsalz
1 TL gemahlener Anis
FÜR DAS BACKBLECH:
2 TL Anissamen

Fröhliche Weihnacht überall

1. „Fröh - li - che Weih - nacht ü - ber- all!" tö - net durch die Lüf - te fro - her Schall.
Weih - nachts - ton, Weih - nachts - baum, Weih - nachts - duft in je - dem Raum!
„Fröh - li - che Weih - nacht ü - ber- all!" tö - net durch die Lüf - te fro - her Schall.

CHRISTIAN FRIEDRICH DANIEL SCHUBART

ZUBEREITUNG

¶ Zucker und Eier in der Küchenmaschine 15 Minuten weißschaumig schlagen.

¶ Unter das trockene Mehl (wichtig, am besten das Mehl mehrere Tage trocknen) Hirschhornsalz und gemahlenen Anis mengen.

¶ Die Mehlmischung zum Eischaum geben und alles zu einem glatten und kompakten Teig verarbeiten. Den Teig etwa 0,75 cm dick ausrollen und ein Stück davon in eine mit Mehl bestäubte Springerleform drücken. Nun rollt man den Teig mit dem Nudelholz wieder flach. Dabei darauf achten, den Teig nicht über den Rand des Models, sondern immer vom Rand aus nach innen zu rollen. Sonst verschiebt sich der Teig im Model.

¶ Ein Backblech mit Backpapier belegen. Den Anissamen darauf streuen und die Springerle auf den Anissamen setzen, über Nacht trocknen lassen.

¶ Bei 100 °C im vorgeheizten Backofen eher trocknen als backen. Gelingen die Springerle, so bekommen sie ihre typischen Füßchen, das heißt, sie gehen in der unteren Hälfte in die Höhe.

¶ Nach dem Auskühlen auf Wunsch mit Lebensmittelfarbe anmalen.

*   *

Paradeisel

MATERIAL

7 rote Äpfel
9 Bambus- oder Holzstäbe 25 cm lang
3 Bambus- oder Holzstäbe 10 cm lang
7 Christbaumkerzen
kleine Tannenzweige, Strohsterne,
    vergoldete Nüsse oder Springerle
    zur Dekoration

ANLEITUNG

¶ Drei Äpfel zu einem Dreieck legen
und mit den langen Holzstäben verbinden.
¶ Mit den drei kürzeren Holzstäben
ein kleineres Apfeldreieck bilden.
¶ Nun die Dreiecke wie in der
Zeichnung miteinander verbinden.
Zum Schluss den letzten Apfel
obenauf stecken.
¶ Das Paradeisel mit Kerzen, Tannenzweigen, Strohsternen, Springerle
oder Nüssen dekorieren.

VOM FICHTELGEBIRGE ZU DEN BAYERISCHEN ALPEN

Bayern

Liebes Christkindlein,
leg mir feine Sachen ein!
Äpfel, Birn' und Nuss,
mach mir kein Verdruss!

Der Adventskalender hat viele Mütter und Väter. Schon immer versuchten Eltern, ihren Kindern das Warten auf das Christkind zu versinnbildlichen und erleichtern. Gerhard Lang, Sohn eines schwäbischen Pfarrers, druckte 1908 den ersten Münchener Weihnachts-Kalender. Seine Mutter hatte ihm früher 24 Gebäckstückchen auf einen Karton genäht. Bei diesem ersten gedruckten Adventskalender fanden die Kinder hinter den 24 Türchen religiöse Bildchen. Da die Adventszeit traditionell eine Zeit des Fastens und Wartens ist, kamen die Schokoladenadventskalender erst in den letzten 40 Jahren in Mode. Nach 1920 fand der Adventskalender auch international Anerkennung.

Christkindlmarkt am Chinesischen Turm in München

Nussmärtel und Bärbeletreiben. Der Nussmärtel kommt bereits im November, einige Wochen vor Martini ist er in den dunklen Sturmnächten unterwegs. Dann horcht und guckt er in die Häuser, um zu sehen, ob dort brave oder böse Kinder leben. Er ist ein Lärmmacher und Grobian, vor dem alle Respekt haben und der niemals sein Gesicht zeigt, sondern immer vermummt ist. Seinen Namen verdankt er den Haselnüssen, die er an die artigen Kinder verteilt. In Sonthofen findet seit gut zwanzig Jahren wieder das in Vergessenheit geratene Bärbeletreiben statt. Es findet immer am Barbaratag, also am 4. Dezember statt. Zu dem Treiben ziehen sich junge unverheiratete Frauen Fetzengewänder an und setzen Masken aus

Moos und Flechten auf. Um die Hüften tragen sie einen mit Kuhglocken oder Schellen besetzten Gürtel. So als alte Frauen vermummt, ziehen sie schweigend mit einem Birkenreisigbesen durch die Straßen und Gassen und fegen symbolisch alles Schmutzige und Unanständige weg. Kommt ihnen dabei jemand zu nahe, verteilen sie Hiebe. Diese sollen allerdings fruchtbarkeits- und glücksbringend sein. An die Kinder und Mütter verteilen sie Plätzchen, Äpfel und Nüsse.

Wenn auf der Amper Lucienhäuschen schwimmen. In Fürstenfeldbruck bei München veranstaltet man auf dem Flüsschen Amper ein Lucienhäuschen-Schwimmen. Am Abend des 13. Dezembers werden nach der Messe in einer Prozession kleine gebastelte Häuschen, in denen jeweils eine Kerze brennt, zur Amper gebracht und aufs Wasser gesetzt. So treiben sie flussabwärts. Dieser Brauch lässt sich bis ins 18. Jahrhundert zurückverfolgen und entstand nach einem Hochwasser. Mit diesem Sühneopfer bittet man seitdem die hl. Lucia, die Menschen vor weiteren Überschwemmungen zu beschützen. Auch im Bayerischen Wald kommt die hl. Lucia am 13. Dezember zu den Kindern. Allerdings nicht in einem weißen Gewand und mit Kerzenkranz auf dem Kopf. Die „Lucia mit da Sichl" kommt mit einer Sichel und einem blutigen Gewand. Früher drohte sie vor allem faulen Mägden und Knechten damit, sie mit der Sichel entzweizuteilen. Bösen Kindern droht sie heute noch damit.

Stand am Münchener Kripperlmarkt

Sollten ihr einige böse Kinder entgehen, so kommt am 15. Dezember der „bluadige Dammerl" mit einem großen Hammer und erschlägt damit die übrigen Bösewichte. Zu diesen beiden Kinderschrecken gesellen sich in den Rauhnächten noch andere unheimliche Wesen. Da wären „d' Hoberngoas", „d' Rauhwuggerl" und allerlei Hexen. Wenn sie durch die Ortschaften toben erschallt es:

Krampuslauf in München

Heit is Rauhnacht! Wer hods aufbrocht?
Heit is Rauhnacht! Leit, gebts ja obacht!
De wuide Jagd geht am Himme um,
drum bleibts drin in engana Stubm!
Geht's bloß ned außi, dats aa ned spottn
Sonst packt eng de wuide Jagd bei engane Zottn!

In der Stube bleibt heute natürlich niemand mehr. Alle wollen das wilde Treiben beobachten und den Hexen beim Tanzen ums Feuer zusehen. Sehr eindrucksvoll begeht die Gemeinde Sankt Englmar alljährlich dieses Spektakel. Ein anderes wildes Treiben vor Weihnachten ist das Wolfauslassen, ein typischer Waidlerbrauch, bei dem verschiedene Gruppen mit Kuhglocken durch den Ort ziehen, angeführt von einem „Wolf". Rund um Deggendorf sind dann mehr als 100 Burschen in den Ortschaften unterwegs. Eine Hochburg des Wolfauslassens ist Rinchnach im Zwieseler Winkel.

Dort findet das Wolfauslassen bereits am 10. November statt. Früher versuchten die Hirten mit dem Läuten großer Kuhglocken die Wölfe und Bären von den Weiden fernzuhalten. Aber auch der Krampuslauf in München lockt Jahr für Jahr viele Zuschauer an.

Wahrsagen am Thomastag. Am Thomastag, den 21. Dezember, streuen die Landwirte Gerste in einen Blumentopf mit Erde. Nach Weihnachten lesen sie Tag für Tag daran ab, wie das Wetter im kommenden Jahr wird. Jeder Tag nach Weihnachten entspricht einem Monat.

Die Heimat des Rauschgoldengels. In Nürnberg fiebern nicht nur die Kinder der Eröffnung des Christkindlesmarkts durch das Christkind in seinem rauschenden, goldenen Gewand entgegen. Jedes Jahr am Freitag vor dem ersten Advent ist es dann endlich wieder so weit. Pünktlich um 17:30 Uhr erlöschen die Lichter rund um den Hauptmarkt. In gespannter Erwartung halten die Menschen vor der Frauenkirche den Atem an. Hier, auf der Empore des Gotteshauses aus dem 14. Jahrhundert erscheint das Nürnberger Christkindle. Mit einem feierlichen Prolog eröffnet es seinen Markt. Ein Markt, der keine Wünsche offenlässt und mit seiner ganzen Pracht der Inbegriff weihnachtlicher Träume ist. Und natürlich gibt es sie hier zu kaufen: die Nürnberger Rauschgoldengel.

Der Legende nach entstand der Rauschgoldengel zum Ende des Jahres 1700. Der Puppenmacher Balthasar Hauser litt schwer unter dem Tod seines einzigen Kindes. Als ihm das „Annalein" im Traum als Engel im Gewand des Nürnberger Christkindels erschien, schöpfte er wieder neuen Lebensmut. Am darauffolgenden Tag setzte er sich wieder in seine Werkstatt und entwarf aus Lindenholz den Kopf und aus golden schimmerndem Metall das Gewand für den ersten Rauschgoldengel. Aus Freude darüber, seiner Tochter endlich wieder nahe zu sein, stellte er immer mehr dieser Engel her und verkaufte sie schließlich auch auf

*Der Nikolaus
im Bischofsgewand
und mit goldenem Buch*

Blick auf das winterliche Bamberg

Krippe in Bamberg, St. Otto

dem Christkindlesmarkt. Seitdem sind sie nicht mehr aus Nürnberg wegzudenken.

In Bayern herrschen zwei feste Weihnachtsüberzeugungen. Erstens trägt der hl. Nikolaus ein Bischofsgewand und ein goldenes Buch. Weihnachtsmänner oder gar Nikoläuse in der Kleidung von Weihnachtsmännern sind hier unerwünscht. Zweitens kommt am Heiligen Abend ausschließlich das Christkind. Selbstverständlich hat es in Bayern auch seine eigene Adresse: An das Christkind, Kirchplatz 3, 97267 Himmelstadt. Wer eine Antwort vom Christkind möchte, muss seinem Brief aber unbedingt einen beschrifteten Umschlag mit Rückporto beilegen. Über das Internet ist das Christkind unter folgender Adresse erreichbar. www.post-ans-christkind.de.

Ihr Kinderlein kommet

1. Ihr Kin-der-lein kom-met, o kom-met doch all', zur Krip-pe her kom-met in Beth-le-hems Stall, und seht, was in die-ser hoch-hei-li-gen Nacht der Va-ter im Him-mel für Freu-de uns macht!

2. O seht in der Krippe, im nächtlichen Stall,
seht hier bei dem Lichtleins hell glänzendem Strahl,
in reinlichen Windeln das himmlische Kind,
viel schöner und holder, als Engel es sind.

3. Da liegt es, das Kindlein, auf Heu und auf Stroh.
Maria und Josef betrachten es froh;
die redlichen Hirten knie betend davor,
hoch oben schwebt jubelnd der Engelein Chor.

4. O beugt wie die Hirten anbetend die Knie,
erhebet die Hände und danket wie sie!
Stimmt freudig, ihr Kinder, wer wollt' sich nicht freun!
Stimmt freudig zum Jubel der Engel mit ein.

CHRISTOPH VON SCHMID

Rothenburg ob der Tauber – ein ganzjähriges Weihnachtsmärchen. Das ganze Jahr hindurch können die Besucher in ein Weihnachtsland in der Herrngasse reisen. Hier gibt es alles zu kaufen, was das weihnachtlich gestimmte Herz begehrt. Wen die geschichtlichen Hintergründe von Rauschgoldengel, Christbaumschmuck und Weihnachtskrippen interessieren, dem sei ein Besuch im Deutschen Weihnachtsmuseum in Rothenburg empfohlen. In der Vorweihnachtszeit erstrahlt der weihnachtliche Reiterlesmarkt. Eingebettet in die malerische Kulisse zwischen Rathaus und Kirche zählt er zu den reizvollsten des Landes.

Ein Krippenweg, der die Herzen höher schlagen lässt. In Bamberg lädt der Weihnachtsmarkt auf dem Martinsplatz zum gemütlichen Bummeln und Verweilen ein. Wer dagegen den Krippenweg durch die Domstadt begehen will, muss gut zu Fuß sein. Der Weg umfasst mehr als 30 Stationen und führt durch die ganze Stadt. Doch die jährlich mehr als tausend Besucher werden reichlich mit wunderschönen Krippen belohnt. Auch in Marktredwitz finden sich herrlich gestaltete Krippen auf dem Krippenweg. Die Krippen zeigen nicht nur die Heilige Familie. Besonders beliebt sind Darstellungen aus dem alltäglichen Leben, genannt „Stickla". Sie zeigen auch schon einmal die ausgelassene Stimmung in einem Biergarten. In Bamberg gibt es sogar eine Krippenbauschule, die die lange Tradition des Krippenbauens in Franken pflegt.

Ihr Kinderlein kommet. Dieses berühmte Lied dichtete der Dinkelsbühler Christoph von Schmid wohl beim Anblick einer fränkischen Krippe. Das mittelalterliche Städtchen putzt sich zu Ehren seines berühmten Sohns alljährlich zur Weihnachtszeit heraus. Der Dinkelsbühler Weihnachtsmarkt gehört zu den beliebtesten entlang der Romantischen Straße.

Weihnacht in den Bergen. In der Adventszeit ziehen in der Gegend von Bad Reichenhall die Kinder als Hirten verkleidet singend von Haus zu Haus. Für das „Klöpfeln", wie sich dieser alte Brauch nennt, erhalten sie Süßigkeiten, Äpfel und Orangen in ihren

Es ist schon Feierabend gewest

Es ist schon Feierabend gewest;
der heilige Josef hobelte noch fest.
Er machte wohl eine Liegestätt'
für einen Reichen von Nazareth.

Die Jungfrau Maria hat noch genäht!
Zur Arbeit war es ihr nie zu spät.
Sie fädelte wieder die Nadel ein,
die Arbeit muss morgen schon fertig sein.

Er hobelt weiter, sie näht das Kleid,
die Stube lag bald in Dunkelheit.
Da öffnet ein Engel des Herrn die Tür
und sagt: „Maria, der Herr ist mit dir.

Ich trag eine frohe Botschaft heut,
unter den Weibern du bist benedeit,
ja, deiner wartet das schönste Los,
du trägst Herrn Jesum in deinem Schoß."

Jetzt ist der Engel wiederum fort.
Maria hört das fröhliche Wort
und lachte glücklich in sich hinein.
Da würde sie nun bald Mutter sein.

Sie hat sich aber gleich aufgerafft
und hat gar fleißig weitergeschafft.
Der Josef hobelt an seinem Bett
für einen Reichen zu Nazareth.

LUDWIG THOMA

Winterlandschaft

Sack. Auch das Böllerschießen zwischen Weihnachten und Neujahr ist eine alte und gepflegte Tradition. In manchen Gemeinden wird auch am Heiligen Abend nach der Christmette das
„neugeborene" Christuskind mit einem Böllerschießen begrüßt. Einen alten Brauch pflegen die Karlsteiner: den Kirch-
gang zur Christmette. Dabei ziehen die Gläubigen mit Fackeln
den verschneiten Berg zur Kirche hinauf.
Vor der Christmette, die in Bayern immer in der Nacht vom
Heiligen Abend auf den ersten Weihnachtsfeiertag stattfindet,
stärkt man sich gern mit Weißwürsten und Brezeln und in der
Gegend um den Bayerischen Wald mit Sauerkraut und Brat-
würsten.

Allgäuer Kässüpple

ZUTATEN FÜR 4 PERSONEN

50 g Butter
50 g Mehl
1 l Fleischbrühe
200 g Allgäuer Emmentaler
1 Eigelb
2 EL Sahne
Pfeffer
2 Scheiben Weißbrot
1 Zwiebel
10 g Butterschmalz

ZUBEREITUNG

¶ Die Butter in einer Pfanne zerlassen und das Mehl darin anschwitzen. Unter Rühren mit Brühe aufgießen und 15 Minuten köcheln lassen. Nach und nach den Käse hinzufügen, kurz aufkochen lassen und von der Kochplatte nehmen.

¶ Das Eigelb mit der Sahne verquirlen, die Suppe damit legieren und mit Pfeffer würzen.

¶ Das Weißbrot in kleine Würfel schneiden und rösten.

¶ Die Zwiebeln schälen, in Ringe schneiden, in Butterschmalz goldbraun braten. Die Suppe mit den Zwiebelringen und den Brotwürfeln belegen.

Weihnachtskarpfen in Bierpanade

ZUTATEN FÜR 4 PERSONEN

2 junge Karpfen (insgesamt 1,5 kg), küchenfertig und halbiert
Salz
2 Eiweiß
Mehl
⅛ l Bier
150–200 g Butter

ZUBEREITUNG

¶ Die vorbereiteten Karpfenhälften waschen und trocken tupfen. Anschließend innen und außen mit etwas Salz einreiben.

¶ Das Eiweiß steif schlagen, etwas Mehl unterrühren. Bier und etwas Salz zugeben und zu einem glatten Teig rühren. Die Karpfenhälften auf beiden Seiten dick mit der Masse bestreichen.

¶ Die Butter in einer großen Pfanne heiß werden lassen. Die Karpfenhälften darin nacheinander knusprig ausbacken. Bei Bedarf noch etwas Butter nachgeben, denn der Fisch soll fast im Fett schwimmend ausgebacken werden. Die Backdauer für jede Hälfte beträgt etwa 20 Minuten.

¶ Zum Nürnberger Karpfen in Bierpanade serviert man säuerlich angemachten Kartoffelsalat.

Fränkische Gewürzküchlein

ZUTATEN

FÜR DEN TEIG:
225 g Mehl
75 g Mondamin
2–3 gestrichene TL Lebkuchen-, Braunkuchen- oder Spekulatiusgewürz
1 Ei
100 g Zucker
175 g Butter oder Margarine

ZUM BESTREICHEN:
50–75 g Nougatmasse

MARZIPANGUSS:
5 EL Milch
100 g Marzipanrohmasse
200 g Puderzucker
2 EL Kirschwasser

SCHOKOLADENGUSS:
200 g Puderzucker
40 g Kakao
3 EL flüssiges Kokosfett
3–4 EL heißes Wasser

ZUM VERZIEREN:
geschälte, gehackte Mandeln, Zitronat oder geschälte Pistazien

ZUBEREITUNG

¶ Mehl mit Mondamin und Gewürzen in eine hohe Schüssel geben. Das Ei mit Zucker und dem weichen Fett dazugeben, alles mit einem Hand-rührgerät auf niedriger Stufe verkneten und den Teig 1–2 Stunden kalt stellen.

¶ Den Teig gleichmäßig dünn ausrollen. Runde Plätzchen in 3 verschiedenen Größen ausstechen, auf ein mit Backpapier ausgelegtes Backblech setzen und im vorgeheizten Backofen bei 200 °C 8–12 Minuten backen.

¶ Die Plätzchen auf ein Kuchengitter legen und erkalten lassen.

¶ Die beiden kleineren Plätzchen jeweils auf der Unterseite mit der erwärmten Nougatmasse bestreichen und die Plätzchen dann terrassen-förmig aufeinandersetzen. Danach mit Guss überziehen und mit Mandeln, Zitronat oder Pistazien verzieren.

¶ Für den Marzipanguss Milch und Marzipanrohmasse zusammen erwärmen und Puderzucker und Kirschwasser darunter rühren.

¶ Für den Schokoladenguss Puderzucker, Kakao, Kokosfett und Wasser glatt rühren.

★ ★

Nürnberger Lebkuchen

ZUTATEN FÜR 15 STÜCK

FÜR DEN TEIG:

4 Eier
250 g Zucker
250 g abgezogene gemahlene Mandeln
4 g Macisblüte
4 g Kardamom
5 g Zimt
2 g Nelkengewürz
abgeriebene Schale von ½ unbehandelten Zitrone
je 25 g Zitronat und Orangeat

250 g Weizenmehl
½ TL Backpulver
15 runde Oblaten

FÜR DEN GUSS:

125 g Puderzucker
1–2 EL Zitronensaft
bunter Streuzucker oder Schokoladenstreusel zum Bestreuen

ZUBEREITUNG

¶ Für den Teig die Eier mit dem Zucker so lange rühren, bis die Masse dick und schaumig ist. Mandeln, Gewürze, Zitronat und Orangeat sowie das mit Backpulver gesiebte Mehl hinzufügen.

¶ Oblaten auf ein Backblech verteilen. Die Teigmasse halbfingerdick darauf streichen. Das Gebäck über Nacht stehen lassen.

¶ Den Backofen auf 180 °C vorheizen. Die Lebkuchen auf der mittleren Schiene des Backofens 20–25 Minuten backen.

¶ Den Puderzucker mit dem Zitronensaft zu einem Guss verrühren. Die Lebkuchen noch warm mit dem Zuckerguss bestreichen und in die Mitte etwas bunten Streuzucker oder Schokoladenstreusel geben.

Rauschgoldengel

MATERIAL

Rauschgoldengelvorlage
Gold- oder Metallfolie
Engelskopf oder eine Watte-/Holzkugel
2 Drahtstücke
Nadel und Faden
Stift
Engelshaar
Klebstoff
2 rote Christbaumkerzen

ANLEITUNG

¶ Vorlage vergrößern und vorsichtig auf
die Gold- oder Metallfolie übertragen.
Danach mit einer spitzen Schere ausschneiden.
¶ Die beiden Drähte für den Körper
zusammenbiegen und an den Armen zwei
Schlaufen als Kerzenhalter formen.
¶ Für den Rock einen Folienstreifen
schneiden. Er muss doppelt so hoch sein
wie der Oberkörper und dreimal so breit.
Den Streifen wie eine Ziehharmonika falten.
Durch das obere Faltenende einen Faden
ziehen und den Rock damit raffen.
¶ Nun das Oberteil mit den Ärmeln in
der Mitte falzen und über den Querdraht
legen. Den Rock am Draht befestigen.
Das Oberteil nun auch an den Seiten falzen,
sodass es den Rockansatz verdeckt.
¶ Die Flügel am Rücken ankleben.
¶ Den Kopf am Drahtende feststecken
oder festkleben und mit einem Gesicht
bemalen. Das Engelshaar und eventuell
eine Krone aus Goldfolie auf den Kopf
kleben. Die Kerzen wie auf der Illustration
befestigen.

DEUTSCHE WEIHNACHTSBRÄUCHE AUS DEM OSTEN

Niemals ist das Heimweh so groß wie in der Weihnachtszeit. Wo man sich auch befindet, die Gedanken wandern oft in die eigene Kindheit zurück. Daher denken gerade zur Weihnachtszeit viele an ihre alte Heimat, die in Gedanken wieder auflebt, wenn die Kerzen hell am Weihnachtsbaum brennen.

Sudetenland/Böhmerwald

Das Christkind kam im Böhmerwald mit seinem goldenen Rössel. Daher legten die Kinder auch immer etwas für das Tier bereit, damit es ja nicht hungrig weiterziehen musste.

Wollten die Mädchen im heiratsfähigen Alter im Fichtelgebirge wissen, ob sie im nächsten Jahr heiraten, dann stellten sie sich in der Christnacht im Kreis um einen Gänserich. Das Mädchen, das der Gänserich zuerst zwickte, würde beim nächsten Weihnachtsfest verheiratet sein.

Zur Weihnachtszeit bot die böhmische Küche natürlich ihre weit über die Grenzen des Böhmerwalds bekannte Kochkunst auf. Schon Wochen vorher wurde geschlachtet, gekocht und gebacken.

Bereits am 24. August, am Tag des Märtyrers Bartholomäus, begann man mit den Weihnachtsvorbereitungen, denn ab diesem Datum wurden die Karpfen für das Weihnachtsessen gemästet. Das traditionellste Karpfengericht im Böhmerwald ist das in schwarzer Soße.

Weihnacht in den Bergen

*Auf einem goldenen Schimmel
reitet's Christkind vom Himmel,
bringt ein' Sack gute Sachen,
dass die Kinder grad lachen.*

*Und der Schnee, der tut glitzern,
und die Sterne, die blitzen,
und die Kerzen im Dunkeln,
seht, wie sie funkeln!*

*Was hat's zu bedeuten,
dass die Glocken so läuten
und die Büchsen so krachen
und solch Getöse machen?*

*Horch! Da hört man was singen,
und lieblich tut's klingen:
„O du Heilige Nacht
hast's Christkind gebracht."*

VOLKSGUT

Karpfen in schwarzer Soße

ZUTATEN FÜR 6–8 PERSONEN

40 g Butter und Butter für die Form
100 g Knollensellerie
2 Möhren
1 mittelgroße Petersilienwurzel
1 mittelgroße Zwiebel
3 EL brauner Zucker
100 ml roter Weinessig
100 ml Rotwein
2 Lorbeerblätter
1 gute Prise getrockneter Thymian
je 5 Pfeffer- und Pimentkörner
1 Stück Zitronenschale, unbehandelt
2 EL rotes Johannisbeergelee
½ Tasse Bier
50 g dunkler Lebkuchen, fein zerrieben

6 Scheiben Karpfen, je etwa 3 cm dick,
   insgesamt 2 kg
75 g entsteinte Backpflaumen, gewürfelt
50 g Rosinen, gehackt
1 EL Mandelsplitter

ZUBEREITUNG

¶ Sellerie, Möhren, Petersilienwurzel und Zwiebel schälen und in kleine Würfel schneiden.

¶ Die Butter in einem schweren Topf erhitzen und das klein geschnittene Gemüse darin unter Rühren 10 Minuten bei mittlerer Hitze dünsten.

¶ In einem anderen Topf 2 EL Zucker mit 4 EL Wasser gut 3 Minuten sieden lassen, bis ein dicker, dunkler Sirup entstanden ist. Essig und Wein zugießen und offen bei starker Hitze um

die Hälfte einkochen lassen. Dann ½ l Wasser sowie die Kräuter und Gewürze, Zitronenschale, Johannisbeergelee und das vorbereitete Gemüse zugeben und unterrühren. Alles halb zugedeckt bei schwacher Hitze 30 Minuten ziehen lassen.

¶ Den Backofen auf 175 °C vorheizen.

¶ Das Bier, den restlichen braunen Zucker und den Lebkuchen in den Sud rühren und 5 Minuten aufkochen lassen. Anschließend die dickliche Soße durch ein feines Sieb streichen.

¶ Eine große ofenfeste Form mit Butter einfetten, Karpfenscheiben kalt abspülen und in die Form legen. Den Fisch mit der Soße begießen, zerkleinerte Backpflaumen, Rosinen und Mandeln darüber streuen und das Gericht offen in der Ofenmitte 20–25 Minuten backen, bis der Fisch gar ist.

¶ Zwischendurch immer wieder mit der Soße übergießen.

¶ Dazu Serviettenknödel oder Pellkartoffeln und ein gut gekühltes Pils oder einen trockenen Rotwein reichen.

Weihnachtsstriezel

ZUTATEN FÜR 1 GROSSEN STRIEZEL

100 g Rosinen
100 g Mandeln, gehackt
100 g Zitronat, gehackt
50 g Orangeat, gehackt
3 EL Rum
1 kg Mehl
2 Würfel Hefe
100 g Zucker
⅜ l lauwarme Milch
250 g weiche Butter
2 EL Vanillezucker
4 Eigelb
1 Prise Salz
abgeriebene Schale von einer unbehandelten
   Zitrone
2 Eigelb zum Bestreichen
1 EL Kondensmilch (7,5 % Fett)
50 g Mandelblättchen

ZUBEREITUNG

¶ Die Rosinen waschen und trocken tupfen. Mit Mandeln, Zitronat, Orangeat und Rum mischen, zugedeckt beiseite stellen.

¶ Das Mehl in eine große Schüssel sieben, in die Mitte eine Mulde drücken. Die Hefe zerbröckeln und in der Mulde mit 1 EL Zucker, 2 EL Milch und etwas Mehl vom Rand verrühren, bis sie sich aufgelöst hat. Etwas Mehl vom Rand darüber stäuben.

¶ Den Vorteig zugedeckt etwa 15 Minuten an einem warmen Ort gehen lassen, bis das Mehl deutliche Sprünge zeigt.

¶ Die Butter mit dem restlichen Zucker und dem Vanillezucker schaumig rühren. Eigelb, Salz und Zitronenschale unterrühren.

¶ Die Buttermasse mit der restlichen Milch zum Vorteig geben. Mit dem Mehl daraus einen mittelfesten Teig kneten. Wenn nötig, noch etwas Milch dazugießen. Den Teig zugedeckt etwa 30 Minuten an einem warmen Ort gehen lassen.

¶ Die Früchtemischung rasch unterkneten. Den Teig auf einer bemehlten Arbeitsfläche in neun gleich große Stücke teilen.

¶ Aus jedem Teigstück eine etwa 25 cm lange Rolle formen. Jeweils vier, drei und zwei Stränge miteinander verflechten.

¶ Ein Backblech mit Butter bestreichen. Die geflochtenen Teigstränge aufeinanderlegen, den Viererzopf nach unten, darauf den Dreierzopf und oben den Zweierzopf. Die Enden etwas andrücken. Den Striezel nochmals 30 Minuten gehen lassen.

¶ Den Backofen auf 190 °C vorheizen.

¶ Eigelb mit der Kondensmilch verquirlen und den Striezel damit bestreichen. Den Striezel im Backofen in etwa 1 ¼ Stunden goldgelb backen.

¶ Die Mandelblättchen in einer trockenen Pfanne rösten und über den Striezel streuen.

Bärentatzen

ZUTATEN FÜR ETWA 30 STÜCK

300 g Mehl
150 g Zucker
100 g Haselnüsse, gemahlen
   (ersatzweise Walnüsse)
50 g Kakaopulver
2 Eigelb
abgeriebene Schale von
   ½ unbehandelten Zitrone
1 Prise Salz
1 Prise Nelkenpulver
1 Prise Zimtpulver
200 g kalte Butter

ZUBEREITUNG

¶ Das Mehl auf die Arbeitsfläche sieben, in die Mitte eine Mulde drücken. Den Zucker, die Nüsse, das Kakaopulver, Eigelb, Zitronenschale, Salz, Nelken- und Zimtpulver hinein-geben. Die Butter in kleine Stücke schneiden und auf dem Mehlrand verteilen.

¶ Alle Zutaten von außen nach innen rasch zu einem glatten Teig verkneten. Den Teig zugedeckt etwa 1 Stunde kühl stellen.

¶ Den Backofen auf 190 °C vorheizen.

¶ Eine Bärentatzenform mit Zucker ausstreuen. Etwa 1 EL Teig hineindrücken und glatt streichen, dabei den überstehenden Teig weg-nehmen. Die Bärentatze aus der Form klopfen und auf ein mit Backpapier belegtes Backblech setzen. So fortfahren, bis der gesamte Teig aufgebraucht ist.

¶ Die Bärentatzen im Backofen etwa 15 Minuten backen. Noch warm vom Blech lösen und auf einem Kuchengitter auskühlen lassen.

Kommet, ihr Hirten

1. Kom - met, ihr Hir - ten, ihr Män - ner und Frau'n,
kom - met das lieb - li - che Kind - lein zu schau'n.
Chris - tus, der Herr, ist heu - te ge - bo - ren, den Gott zum Hei - land
euch hat er - ko - ren. Fürch - tet euch nicht.

Lasset uns sehen in Bethlehems Stall,
was uns verheißen der himmlische Schall.
Was wir dort finden, lasset uns künden,
lasset uns preisen in frommen Weisen.
Halleluja!

Wahrlich, die Engel verkündigen heut'
Bethlehms Hirtenvolk gar große Freud'!
Nun soll es werden Friede auf Erden,
den Menschen allen ein Wohlgefallen.
Ehre sei Gott!
Freu dich, Erd'und Sternenzelt

ALTBÖHMISCHES WEIHNACHTSLIED

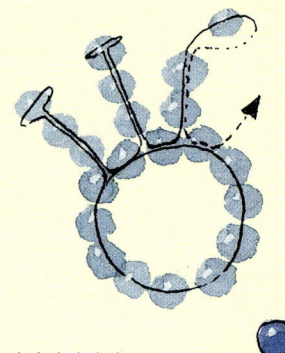

* *

Festliche Sterne aus Perlen

MATERIAL

Perlen in verschiedenen Farben und Größen
feiner Blumendraht
Faden

ANLEITUNG

¶ Zwölf Perlen auf den Draht fädeln und den
Draht zu einem Ring schließen. Für die Stern-
strahlen nun wie auf der Zeichnung drei Perlen
auffädeln und den Draht durch zwei Perlen zu-
rückführen. Den Draht durch eine Perle des
Rings führen und wieder mit drei Perlen einen
Strahlen arbeiten. So weitermachen, bis alle
Strahlen des Sterns gearbeitet sind. Den Draht
abschneiden.
¶ Einen Faden zum Aufhängen anbringen.

Schlesien

In Oberschlesien begann das Weihnachtsmahl nach dem Aufgehen des Abendsterns. Bei dem Festmahl deckte man auch für die im vergangenen Jahr Verstorbenen den Tisch und stellte eine Kerze auf ihre Teller.

Unter dem Tisch lag etwas Stroh, um an das Wunder im Stall von Bethlehem zu erinnern. Auf dem Tisch selbst stand ein Kreuz zwischen Salz und Brot. Ein Stück von dem Brot wurde bis zur Aussaat im nächsten Jahr aufgehoben, dann zerrieben und mit den Körnern ausgesät, um den weihnachtlichen Segen an das Feld weiterzugeben.

Am Heiligen Abend gab es schlesisches Himmelreich mit Hefeklößen.

Nach dem Essen bekamen die Tiere im Stall die Reste. Das Stroh unter dem Tisch wickelten die Menschen um die Obstbäume und dann sagten sie den Bienen in ihren Stöcken die Heilige Nacht an. Erst danach begann für die Kinder die Bescherung.

Weihnachten

Markt und Straßen stehn verlassen,
still erleuchtet jedes Haus,
sinnend geh ich durch die Gassen,
alles sieht so festlich aus.

An den Fenstern haben Frauen
buntes Spielzeug fromm geschmückt,
tausend Kindlein stehn und schauen,
sind so wunderstill beglückt.

Und ich wandre aus den Mauern
bis hinaus ins freie Feld,
hehre Glänze, heiliges Schauern!
Wie so weit und still die Welt!

Sterne hoch die Kreise schlingen,
aus des Schnees Einsamkeit
steigt's wie wunderbares Singen –
o du gnadenreiche Zeit!

JOSEPH FREIHERR VON EICHENDORFF

Auf dem Berge, da wehet der Wind

1. Auf dem Ber - ge, da we - het der Wind, da wiegt die Ma - ri - a ihr Kind. Sie wiegt es mit ih - rer schloh - wei - ßen Hand, sie hat da - zu auch kein Wie - gen - band. „Ach Jo - sef, lie - ber Jo - sef mein, ach hilf mir doch wie - gen mein Kin - de - lein!" „Wie soll ich dir denn dein Kind - lein wiegen? Ich kann ja kaum sel - ber die Fin - ger biegen." Auf dem Ber - ge, da we - het der Wind, da wiegt die Ma - ri - a ihr Kind. Schum - schei, schum - schei.

SCHLESISCHE VOLKSWEISE

Schlesisches Himmelreich mit Hefeklößen

ZUTATEN FÜR 4 PERSONEN

375 g Backobst
375 g Schweinebauch, geräuchert
1 Stange Zimt
Schale von 1 Zitrone, dünn abgeschält
30 g Butter
30 g Mehl
Salz
Zucker
eventuell Saft von ½ Zitrone

ZUBEREITUNG

¶ Das Backobst über Nacht in ¾ l kaltem Wasser einweichen.

¶ Den Schweinebauch in ¾ bis 1 l Wasser aufsetzen und etwa 30 Minuten auf kleiner Hitze leise kochen lassen. Jetzt das Backobst mit dem Einweichwasser, Zimt und Zitronenschale zum Fleisch geben und weitere 30 Minuten kochen lassen. Danach das Fleisch herausnehmen und das Obst in einem Sieb abtropfen lassen und beiseite stellen.

¶ Die Butter schmelzen lassen und das Mehl darin goldgelb anschwitzen. Dann mit ½ l Kochbrühe ablöschen. Die Sauce mit Salz, Zucker und eventuell mit Zitronensaft abschmecken.

¶ Den Schweinebauch in Scheiben schneiden und zusammen mit dem abgetropften Backobst noch einmal in der Sauce heiß werden lassen.

¶ Mit Hefeklößen servieren.

Hefeklöße

ZUTATEN FÜR 10–12 KLÖSSE

30–40 g Hefe
¼ l lauwarme Milch
500 g Mehl
50 g Zucker
1 Päckchen Vanillezucker
50 g Butter
1 Ei
Salz

ZUBEREITUNG

¶ Die zerbröselte Hefe in 3 EL lauwarmer Milch auflösen. Aus Mehl, Zucker, Vanillezucker, zerlassener Butter, dem Ei und 1 Prise Salz zusammen mit der restlichen Milch und der aufgelösten Hefe einen Hefeteig zubereiten. Den Teig an einem warmen Platz 30 Minuten gehen lassen, dann wieder zusammenkneten.

¶ Aus dem Teig 10–12 Klöße formen. Die Klöße auf ein mit Mehl gepudertes Brett legen, zudecken und noch einmal aufgehen lassen.

¶ Einen großen Topf zu zwei Dritteln mit kochendem Wasser füllen. Ein Tuch über die Topföffnung spannen und an den Henkeln festbinden. Die Hefeklöße auf das Tuch legen und mit einer Schüssel zudecken. Die Klöße

10–15 Minuten im Dampf garen. (Achtung: Das Wasser darf nicht zu stark kochen!)

¶ Sofort nach dem Garen aus dem Tuch nehmen, die Klöße mit einer Gabel leicht aufreißen, damit der Dampf entweichen kann und der Teig locker bleibt. Die Hefeklöße in einer vorgewärmten Schüssel stapeln, mit brauner Butter begießen und mit Pflaumenmus oder schlesischem Himmelreich servieren.

¶ Sie eignen sind allerdings auch gut als Beilage für den schlesischen Sonntagsbraten, den Schwartelbraten.

Schwartelbraten mit Kruste

ZUTATEN FÜR 6–8 PORTIONEN

2 kg Schweinekeule mit Schwarte
    (vom oberen Teil der Keule)
Salz
Pfeffer
Kümmel
2 Zwiebeln
1 EL Speisestärke
etwa ½ l Brühe
¼ l saure Sahne

ZUBEREITUNG

¶ Das Fleisch mit Salz, Pfeffer und etwas zersto-ßenem Kümmel kräftig einreiben.

¶ ¼ l Wasser in einem Schmortopf aufkochen. Das Fleisch mit der Schwarte nach oben hinein-legen. Den Topf zudecken und im vorgeheizten Backofen bei 200–225 °C etwa 45 Minuten schmoren. Danach das Fleisch herausnehmen.

¶ Die Schwarte und die darunterliegende Fett-schicht kreuzweise einschneiden. Das Fleisch mit der Schwartenseite nach oben wieder in den Topf legen. Die in Scheiben geschnittenen Zwiebeln zu-geben. Das Fleisch unter häufigem Beschöpfen im offenen Topf etwa 1,5 Stunden weiterbraten. Bei Bedarf etwas kochendes Wasser zugießen. In den letzten 15 bis 20 Minuten nicht mehr beschöpfen, damit die Schwarte schön knusprig wird.

¶ Das Fleisch herausnehmen, im ausgeschalteten Backofen warm stellen. Den Bratenfond mit Was-ser loskochen, auf etwa ¾ l mit Brühe auffüllen, mit angerührter Speisestärke binden und die saure Sahne zugeben. Die Soße noch einmal abschmecken.

¶ Die Schwarte vom Fleisch lösen und in Strei-fen oder Würfel geschnitten extra reichen. Das Fleisch in Scheiben schneiden und mit der Soße servieren.

¶ Zum Schwartelbraten werden Semmelklöße, Hefeklöße oder ein großer Mehlkloß und Sauer-kraut serviert.

★ ★

Schlesische Mohnkringel

ZUTATEN FÜR ETWA 80 STÜCK

100 g gemahlener Mohn
175 g Butter
100 g Zucker
½ Päckchen Vanillezucker
250 g Zucker
250 g Mehl
4 EL Milch
1 Ei
1 Prise Salz
2 TL Puderzucker

ZUBEREITUNG

¶ Die Butter mit dem Handrührgerät schaumig rühren. Zucker, Vanillezucker und Salz unter Rühren einrieseln lassen. Ei unterrühren. Mohn mit Mehl vermischen und ebenfalls unterrühren. Milch dazugeben und so lange rühren, bis der Teig geschmeidig ist. Teig in einen Spritzbeutel mit gezackter Tülle füllen und Kreise von 5–6 cm Durchmesser auf ein mit Backpapier belegtes Blech spritzen.

¶ Für 30 Minuten kalt stellen, so behalten die Kringel ihre Form.

¶ Den Backofen auf 175 °C vorheizen.

¶ Die Mohnkringel auf der mittleren Schiene in 10–12 Minuten goldbraun backen. Auf einem Kuchengitter abkühlen lassen, anschließend mit Puderzucker bestäuben.

Was soll das bedeuten

1. Was soll das be - deu - ten? Es ta - get ja schon; ich
weiss wohl, es geht erst um Mit - ter - nacht rum.
Schaut nur da - her! Schaut nur da - her! Wie
glän - zen die Ster - ne, je län - ger je mehr!

2. Treibt z'sammen, treibt z'sammen die Schäflein fürbaß,
treibt z'sammen, treibt z'sammen, dort zeiget sich was:
Dort in dem Stall, dort in dem Stall
wird't Wunderding' sehen, treibt z'sammen einmal.

3. Ich hab nur ein wenig von weitem geguckt,
da hat mir mein Herz schon vor Freuden gehupft:
Ein schönes Kind, ein schönes Kind
liegt dort in der Krippe bei Esel und Rind.

4. Ein herziger Vater, der steht auch dabei,
ein' wunderschöne Jungfrau kniet auch auf dem Heu.
Um und um singt's, um und um klingt's:
Man sieht ja kein Lichtlein, so um und um brennt's.

5. Das Kindlein, das zittert vor Kälte und Frost,
ich dacht' mir: I wer hat es denn also verstoßt,
dass man auch heut, dass man auch heut,
ihm sonst keine andere Herberg anbeut?

6. So gehet und nehmet ein Lämmlein vom Gras,
und bringet dem schönen Christkindlein etwas!
Geht nur fein sacht, geht nur fein sacht,
auf dass ihr dem Kindlein kein Unruh' nicht macht!

SCHLESISCHES KRIPPENSPIEL

Dekoration aus Naturmaterialien

MATERIAL

Kiefern- und Tannenzapfen
Walnüsse
Goldfarbe
goldfarbener Draht
Gewürznelken, Sternanis
weiße und goldene Perlen
rotes Schleifenband

ANLEITUNG

¶ Zapfen und Nüsse reinigen und trocknen lassen. Mit Goldfarbe anmalen oder naturfarben belassen. Oben an den Zapfen mit etwas
Draht rote Schleifen als Aufhänger befestigen. Nach Wunsch außerdem Nelken, Sternanis und Perlen mit Draht an den Zapfen befestigen.

Ost-/Westpreußen und Pommern

Die heilige Katharina von Alexandrien

In Pommern wird von einem Pastor berichtet, der um 1870 an jedem Adventssonntag am Christbaum in der Kirche eine Kerze angezündet hat. Später zündete er sie an einem hängenden Kranz an. So fand der Adventskranz in Pommern Einzug in die Wohnstuben.

Hier herrschte die Überlieferung, dass der Engel den Hirten auf dem Felde befohlen habe, die Menschen jedes Jahr aufs Neue durch das Spielen auf Hörnern an die Heilige Nacht zu erinnern. So entstand die Tradition des Turmblasens zum Weihnachtsfest.

In Ostpreußen durfte während der Adventszeit nicht getanzt werden. In dieser Zeit saßen die Menschen zusammen und spannen Schafswolle, sie webten und strickten.

Mit dem Backen der Pfefferkuchen wurde am 25. November, dem Namenstag der hl. Katharina, begonnen. Diese Pfefferkuchen heißen Thorner Kathrinchen, da Katharina die Heilige der ostpreußischen Stadt Thorn war. Auch Königsberger Marzipan, Danziger Goldwasser (Alkohol mit Blattgold), Bärenfang (Honiglikör) und gebrannte Mandeln durften nicht fehlen.

Im katholischen Ermland kam nicht das Christkind, sondern der Weihnachtsmann in der Nacht von Heiligabend auf den ersten Weihnachtsfeiertag. Die Kinder fanden morgens nach dem Aufstehen ihre Geschenke unter dem Christbaum vor.

Ostpreußische Fischsuppe

ZUTATEN FÜR 4–6 PORTIONEN

¼ l Weißwein
1 Bund Suppengrün
1 Zwiebel
Salz
1 Lorbeerblatt
5 Pfefferkörner
1 Bund Petersilie
1 kg Kabeljau mit Kopf (vom Fischhändler putzen
    und in Stücke schneiden lassen)
40 g Butter
20 g Mehl
Pfeffer
1 Prise Zucker
⅛ l süße Sahne
3 EL saure Sahne
2 Eigelb
150 g Krabbenfleisch
1 Bund Dill

Denkt euch …

Denkt euch — ich habe das Christkind gesehn!
Es kam aus dem Walde, das Mützchen voll Schnee,
mit rot gefrorenem Näschen.
Die kleinen Hände taten ihm weh;
denn es trug einen Sack, der war gar schwer,
schleppte und polterte hinter ihm her –
was drin war, möchtet ihr wissen?
Ihr Naseweise, ihr Schelmenpack –
meint ihr, er wäre offen, der Sack?
Zugebunden bis oben hin!
Doch es war gewiss was Schönes drin:
Es roch so nach Äpfeln und Nüssen!

ANNA RITTER

ZUBEREITUNG

¶ Weißwein und 1 l Wasser in einen Topf geben. Das geputzte Suppengrün und die gepellte Zwiebel grob zerkleinern, mit Salz, Gewürzen und ½ Bund Petersilie zur Flüssigkeit geben und gut durchkochen lassen. Den Sud durch ein Sieb in einen Topf gießen. Die Fischstücke in den Sud legen und bei schwacher Hitze etwa 20–25 Minuten ziehen lassen. Das Fischfleisch darf nicht zerfallen. Herausnehmen, Haut und Gräten entfernen und das Fleisch in mundgerechte Stücke schneiden.

¶ Aus Butter und Mehl eine helle Schwitze bereiten, mit dem Fischsud ablöschen. Die Suppe noch einmal aufkochen lassen. Dann mit Salz, Pfeffer und 1 Prise Zucker abschmecken. Mit süßer und saurer Sahne und Eigelb verfeinern.

¶ Fisch- und Krabbenfleisch in der Suppe erhitzen, aber nicht mehr kochen. Vor dem Servieren den fein gehackten Dill und die restliche gehackte Petersilie unterrühren.

* *

Thorner Kathrinchen

ZUTATEN FÜR ETWA 200 STÜCK

500 g Honig
375 g Zucker
375 g gemahlene Mandeln
50 g Weizenmehl, Typ 1005
3 g Pottasche
je 1 TL Zimt, Kardamom und Gewürznelke, gemahlen
1 gute Messerspitze geriebene Muskatnuss und Macisblüte
1 TL abgeriebene Zitronenschale, unbehandelt
1 Messerspitze Salz
25 cl Rum
1 Ei zum Bestreichen

ZUBEREITUNG

¶ Den Honig mit dem Zucker erhitzen und schmelzen. Unter gelegentlichem Rühren erkalten lassen. Mandeln, Mehl, Gewürze, Zitronenschale und Salz vermischen und zu der Honig-Zuckermasse geben. Die Pottasche in Rum glatt rühren und hinzugeben. Alles zu einem Teig verarbeiten. Diesen mit Folie abdecken und mindestens 1 Tag ruhen lassen, am besten 8 Tage an einem kühlen Platz, aber nicht im Kühlschrank.

¶ Den Teig ½ cm dick ausrollen und in circa 3 × 4 cm große Rechtecke schneiden. Auf ein mit Backpapier ausgelegtes Backblech setzen. Mit dem verquirlten Ei bestreichen und bei 220 °C 15 Minuten backen.

¶ Anstelle von Ei kann man die Pfefferkuchen nach dem Backen auch mit Zuckerguss bestreichen oder nach Wunsch mit halbierten Mandeln verzieren.

Königsberger Marzipan

ZUTATEN FÜR 15 STERNE

250 g gemahlene weiße Mandeln
350 g Puderzucker
20 ml Rosenwasser
kandierte Früchte zum Garnieren
Puderzucker zum Ausrollen

ZUBEREITUNG

¶ Die gemahlenen Mandeln mit 250 g Puderzucker zu einem geschmeidigen Teig verkneten.

¶ Den Backofen auf Umluft 180 °C vorheizen.

¶ Die Arbeitsfläche mit Puderzucker bestreuen und das Marzipan darauf etwa ½ cm
dick ausrollen. Nun Sterne ausstechen,
dabei die Hälfte der Sterne mit einem etwas
kleineren Ausstecher noch einmal von innen
ausstechen, sodass ein schmaler, sternen-
förmiger Rand stehen bleibt.

¶ Die Sterne mit Rosenwasser bestreichen
und die ausgestochenen Sternenrändchen
darauf setzen. Auf ein mit Backpapier belegtes
Backblech setzen.

¶ Im heißen Ofen in etwa 6 Minuten hellbraun werden lassen. Das Marzipan aus dem
Ofen nehmen und vollständig abkühlen lassen.

¶ Den restlichen Puderzucker gut mit dem
Rosenwasser verrühren. Die Sterne mit dieser
Zuckercreme bis zum Rand füllen

¶ Die Creme etwas antrocknen lassen und
mit kandierten Früchten verzieren.

¶ Tipp: Um das typische Aussehen von
Königsberger Marzipan zu bekommen, den
Sternenrand mit dem Messer oder einer
Pinzette verzieren. Die so entstehenden
Erhebungen bräunen stärker.

¶ Wer möchte, kann die Sterne statt mit
Zuckercreme auch mit Johannisbeergelee
füllen. Dafür das Gelee mit etwas Himbeer-
geist verrühren.

Macht hoch die Tür

1. Macht hoch die Tür, die Tor macht weit, es kommt der Herr der Herr-lich-keit, ein Kö-nig al-ler Kö-nig-reich, ein Hei-land al-ler Welt zu-gleich, der Heil und Le-ben mit sich bringt, der hal-ben jauchzt, mit Freu-den singt: Ge-lo-bet sei mein Gott, mein Schö-pfer reich an Rat!

2. Er ist gerecht ein Helfer wert,
Sanftmütigkeit ist sein Gefährt,
sein Königskron ist Heiligkeit,
sein Zepter ist Barmherzigkeit;
all unsre Not zum End' er bringt;
derhalben jauchzt, mit Freuden singt:
Gelobet sei mein Gott, mein Heiland groß von Tat.

3. O wohl dem Land, o wohl der Stadt,
so diesen König bei sich hat!
Wohl allen Herzen insgemein,
da dieser König ziehet ein!
Er ist die rechte Freudensonn',
bringt mit sich lauter Freud' und Wonn'.
Gelobet sei mein Gott, mein Tröster früh und spat!

GEORG WEISSEL

Tischdecke besticken

MATERIAL

weihnachtliche Stickvorlagen
   (gibt es in Handarbeitsgeschäften)
grober Baumwoll- oder Leinenstoff
   (Zählstoff, in Fachgeschäften gibt
   es ihn bereits fertig zugeschnitten
   und umsäumt)
Stickgarn, passend zur Stoffstärke
Sticknadel

ANLEITUNG

¶ Im Kreuzstich oder im Plattstich
nach Vorlage sticken.
¶ Am Ende die Tischdecke einmal
von der linken Seite bügeln.

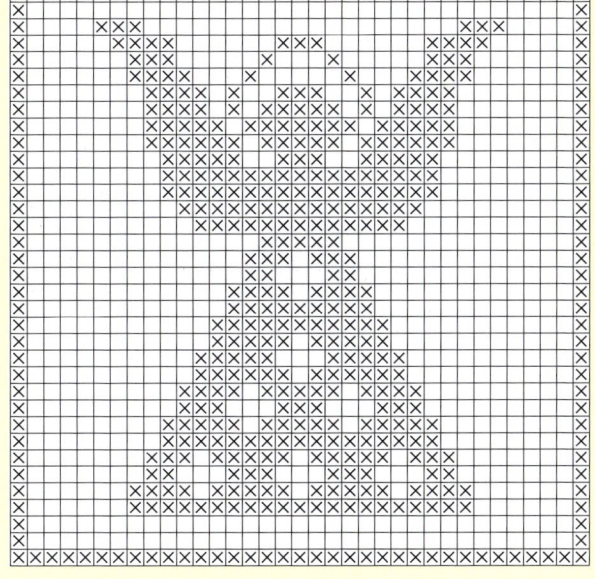

VOM RHEINTAL ZUR SILVRETTAGRUPPE

Vorarlberg

Knecht Ruprecht aus dem Walde
komm zu uns nun balde,
bring uns süße Äpfel mit,
nach gutem Brauch und alter Sitt.

Es duftet nach „Öpfelküachle" (Apfelküchen) und Glühmost. Wenn die Tage kürzer werden, laden die Advent- und Christkindelmärkte in Vorarlberg mit ihren festlichen Girlanden, bunten Auslagen und leuchtenden Christbäumen zu einem Besuch ein. In Österreich heißt es übrigens Adventmarkt und nicht wie in Deutschland Adventsmarkt. Hier benutzt man das Beugungs-s nicht für das Wort Advent. Der Schwarzenberger Advent besticht durch sein besonders stimmungsvolles Ambiente. Die holzgeschindelten Häuser und der denkmalgeschützte Dorfplatz mit der Pfarrkirche bilden die ideale Kulisse für ein Weihnachtsmärchen. Vor allem Konzerte, Adventsingen und Lesungen prägen hier die besinnliche Vorweihnachtszeit.

Weihnachtsmarkt in Feldkirch

In Bregenz findet in der Oberstadt ein Kunst- und Handwerkermarkt statt. Besucher können Lebkuchenbäcker, Krippenbauer, Holzschnitzer und andere Handwerker bei ihrer kunstvollen Arbeit beobachten. Wer auf der Suche nach einem Geschenk für seine Lieben ist, wird hier bestimmt fündig. Am 23. Dezember erschallen traditionell in der Bregenzer Oberstadt die Klänge der Turmbläser und stimmen besinnlich auf das Weihnachtsfest ein.

Im Vorarlberg kommt der hl. Nikolaus auf die ruhige Art. Während im gesamten Alpenraum der hl. Nikolaus zusammen mit seinen Krampussen und dem damit verbundenen Getöse durch die Orte zieht, reist der hl. Nikolaus im Vorarlberg nur mit dem grimmigen Knecht Ruprecht. Dieser sorgt mit seiner Rute, Kette und Sack allerdings genauso für Angst und Schrecken bei den Kleinen. Früher zeigten sie dem hl. Nikolaus brav ihre „Klosahölze" mit den eingeritzten Kerben. Jede Kerbe stand für ein gesprochenes Gebet und gute Taten. Der 6. Dezember gilt als halber Feiertag. In den Ortschaften finden Nikolausmärkte statt. Ein Gang über einen oder mehrere der Nikolomärkte ist ein Muss für Jung und Alt – genauso wie der anschließende Nikolauskaffee mit feinem Gebäck und leckeren Kuchen im Kreise der Familie. Oder man fährt in der Begleitung vom Nikolaus von Bregenz aus über den Bodensee, genießt eine Tasse Kaffee und beobachtet dabei, wie der Nikolaus mit den Kindern redet und sie beschenkt.

Eine rosa Kerze im Adventkranz. Viele Vorarlberger Familien sitzen an den Adventsonntagen um den Adventkranz, essen „Biraziebl" und „Signat", ein Birnen- und Apfelbrot, und singen Weihnachtslieder. Eine Besonderheit sind die Farben der Kerzen im Adventkranz. Im Gegensatz zu den Kränzen außerhalb Österreichs ist eine einzige Kerze entweder rosa oder lila und hebt sich somit farblich von den anderen hervor. Das ist die Kerze für den 3. Advent, der für „Gaudete" (lat: Freuet Euch) steht. In der katholischen Kirche tragen die Ministranten auch an diesem Tage rosa.

120 seltene Weihnachtskrippen aus zwei Jahrhunderten. Aus dem Alpenraum kommt die Tradition des Krippenbaus. Vor allem Krippen aus Österreich und Italien, aber auch aus China und Peru lassen sich im Krippenmuseum von Dornbirn bewundern. Im Anschluss lädt der Christkindelmarkt auf dem Marktplatz zu einem märchenhaften Bummel ein.

Weihnacht

*Es glänzen hell die Sterne
Weit übers Land hinaus,
Es rufen aus weiter Ferne
Glocken ins Gotteshaus.*

*Und durch die Friedhofspforte
zieht die Gemeinde still,
die dem fröhlichen Worte
der Weihnacht lauschen will.*

*Der weiße Schnee deckt leise
das stille, schlafende Land.
Es klingt wie Orgelweise,
ein Zauber hält alle gebannt.*

*Es ist ein Licht erklommen,
das übergoldet die Nacht,
es ist Kunde gekommen,
die ist allen gebracht.*

*Allen, in allen Reichen
klingt dies lockende Wort
ein Sehnen sondergleichen
reißt alle Herzen fort.*

*Und die sich hart bekriegen,
sollen einander verzeihen,
und die in Ketten liegen,
sollen gerettet sein.*

*Und die in Nacht verzagen,
soll Himmelslicht erbau'n,
und die da Heimweh tragen,
sollen die Heimat schau'n.*

*Es ist ein Lied erklungen
von jubelnd heller Art,
es ist ein Ros entsprungen
aus einer Wurzel zart.*

DICHTER UNBEKANNT

Kaninchen mit Senfsauce

ZUTATEN FÜR 4 PERSONEN

1 küchenfertiges Kaninchen (circa 1,2 kg)
1 Stängel Thymian
4 EL Dijonsenf
1 EL grobkörniger Meaux-Senf
6 EL Öl
Salz
Pfeffer
200 ml Gemüsebrühe
200 g Schmand

ZUBEREITUNG

¶ Das Kaninchen waschen, trocken tupfen, in Portionsstücke zerteilen und in eine Schale geben.

¶ Den Thymian waschen, trocken schütteln, die Blätter abzupfen und fein hacken. Mit Senf, 3 EL Öl, Salz und Pfeffer mischen. Die Kaninchenteile großzügig damit bestreichen. Mit Folie abdecken und im Kühlschrank für zwei Stunden marinieren.

¶ Das restliche Öl in einem Bräter erhitzen und das Kaninchen darin von allen Seiten anbraten.

¶ In den 200 °C vorgeheizten Backofen stellen und 20 Minuten garen. Mit der Gemüsebrühe ablöschen und weitere 30 Minuten schmoren.

¶ Das Kaninchen auf einer Platte anrichten und mit Alufolie abdecken. Bis zum Servieren warm halten.

¶ Den Bratensatz mit etwas Wasser ablöschen, aufkochen und mit dem Schmand abschmecken. Die Soße zusammen mit dem Kaninchen servieren.

¶ Dazu Kartoffelknödel und Feldsalat reichen.

Apfelbrot

ZUTATEN

500 g Mehl
180 g Rohrzucker
1 Päckchen Backpulver
1 TL Zimt
1 TL gemahlene Nelken
½ TL Piment
1 kg geraspelte Äpfel
100 g getrocknete Feigen
100 g getrocknete Pflaumen
140 g Rosinen
250 g gehackte Walnüsse
60 ml Rum
60 ml Obstler

ZUBEREITUNG

¶ Das Trockenobst und die Rosinen mit heißem Wasser waschen. Die Feigen und Pflaumen würfeln. Zusammen mit Rosinen, Rum und Obstler mischen. Abdecken und über Nacht ziehen lassen.
¶ Das eingeweichte Trockenobst abgießen und mit den übrigen Zutaten zu einem glatten Teig kneten. In zwei ausgefettete Kastenformen füllen und bei 180 °C circa 1 Stunde backen. Auf ein Kuchengitter stürzen und auskühlen lassen.

Hausfreunderl

ZUTATEN

5 Eier
280 g Rosinen
280 g Mehl
280 g Zucker
280 g Nüsse

ZUBEREITUNG

¶ 4 Eier mit den anderen Zutaten verkneten. Mit feuchten Händen aus dem klebrigen Teig 4 Striezel formen. Auf ein mit Backpapier ausgelegtes Backblech setzen. Das letzte Ei verquirlen, die Striezel damit bestreichen und bei mittlerer Hitze backen, bis sie eine hellbraune Farbe angenommen haben.
¶ Aus dem Backofen nehmen und auskühlen lassen. Nach dem Abkühlen in circa 1 cm breite Streifen schneiden.

Leise rieselt der Schnee

1. Lei - se rie-selt der Schnee,___ still und starr ruht der See,___
weih - nacht - lich glän - zet der Wald:___
Freu - e dich, Christ - kind kommt bald!___

2. *In den Herzen ist's warm,*
still schweigt Kummer und Harm,
Sorge des Herzens verhallt:
Freue dich, Christkind kommt bald!

3. *Bald ist Heilige Nacht,*
Chor der Engel erwacht,
hört nur, wie lieblich es schallt:
Freue dich, Christkind kommt bald!

EDUARD EBEL

Mit Goldgarn bestickte Karten

MATERIAL

bunte Filzreste
Tonpapier
feste Karten aus weißem Papier
silbernes/goldenes Metallgarn
Sticknadel
Klebstoff

ANLEITUNG

¶ Vorzeichnung entweder auf die Filzreste
oder Tonpapier übertragen und punktweise
mit einer dicken Nadel durchpieksen.
¶ Motive entlang der Nadelstiche mit Gold-
oder Silbergarn mit Spannstichen ausnähen.
¶ Filz oder Tonpapier vorn auf die weißen
Papierkarten kleben.

VOM KARWENDEL ZUM HOCHKÖNIG

Tirol

Heiliger St. Nikolaus du guada Mo,
i sog da woas auf so guad wia i heut ko.
Host in dein Sackerl Äpfel und Kern,
vü Nüssn und Feig'n wie de mog i gern.
Und sog deine Kramperl glei, i bin nu so kloa,
sie sojn mi Bitt gar sche nit in Sock eini toa.

Wahre Schätze der Krippenkunst bestaunen Gäste und Einheimische an den Adventsonntagen in den Stuben der Bauernhäuser im Tiroler Land. Die wunderschönen Krippen werden seit Generationen in den Familien weitervererbt. Oft nehmen sie einen Großteil des Raumes ein, da sie ganze Landschaften und Szenen aus dem Alltag darstellen. Immer wieder lässt sich beim Betrachten Neues entdecken und bestaunen.

Über die Grenzen Tirols sind nicht nur die handgeschnitzten Krippen aus dem Lechtal bekannt, sondern auch die kunstvoll bestickten, in Brokat gehüllten Figuren. In Imst im Gurgltal führt ein Krippenpfad zu ausgewählten Plätzen, an denen die für ihre Sorgfalt und Liebe fürs Detail bekannten alpenländischen Krippenbauern ihre Meisterwerke unter freiem Himmel präsentieren – eingebettet in einen weißen Mantel aus Schnee. Das ist ein unvergesslich schönes Erlebnis, vor allem am Abend, wenn der Schnee im Schein der Lichter und Sterne glitzert und die Krippen in ein festliches Kleid hüllt.

Am 1. Advent erstrahlt das erste Adventhaus. In Steinberg am Rofan erstrahlen vom 1. bis 24. Dezember die festlich geschmückten Adventhäuser.

Krampusgruppe

Jeden Tag wird ein weiteres der alten Häuser im Ort erleuchtet. Besonders am Abend lädt der „Dorfwinterwanderweg" zu romantischen Erkundungen ein. Beim leisen Fall der Schneeflocken im Lichte der Adventhäuschen ist die besinnliche Stille der Vorweihnachtszeit in Tirol ganz wunderbar zu spüren.

Innsbruck lockt mit der mittelalterlichen Altstadt, ihren malerischen Laubengängen und dem berühmten goldenen Dacherl zum Bummeln und Verweilen auf dem Christkindlmarkt. Weihnachtlich geschmückte Stände verbreiten alpenländischen Charme und verströmen einen unwiderstehlichen Duft von heißen Maroni, gebrannten Mandeln, Tiroler Kiachl und Glühwein. Tiroler Kunsthandwerk und Spezialitäten aus der Region lassen keine Wünsche offen.

Am Nikolaustag wird es in so manchen Orten in Osttirol laut. Denn dann kommt nicht nur der hl. Nikolaus zu den Kindern, sondern auch eine Schar „Klaibaife". Der „Klaubauf" verkörpert eine Sagengestalt. Die jungen Männer, die ihn verkörpern, sind mit Fell und einer grob geschnitzten Holzmaske bekleidet. Allein schon ihr Äußeres verheißt nichts Gutes. Das Getöse der Glocken, die der Klaubauf auf dem Rücken trägt, ist schon von weitem zu hören. Er soll das leibgewordene Böse darstellen und schon so manches Kind mitgenommen haben. In der Begleitung vom hl. Nikolaus reisen aber auch zwei Engel, der „Loter" und die „Litterin". Sie beschenken auf Geheiß vom Nikolaus die braven Kinder und sammeln bei den Erwachsenen für notleidende Kinder.

In der Region Seefeld treiben am Vorabend vom Nikolaustag die Krampusse ihr Unwesen. Die Krampusse, ebenfalls wilde Gestalten, treiben schon am 5. Dezember ihr Unwesen. Mit wildem Getöse jagen sie durch die Ortschaften und führen den Zug vom hl. Nikolaus an. Das ist ein herrlich lautes Spektakel für Jung und Alt. Besinnlicher geht es da beim Segnen der Adventkränze in den Pfarrkirchen zu oder bei einer Fackelwanderung durch die stille, nächtliche Schneelandschaft. Konzerte mit Weisenbläsern und ein Besuch der vielen regionalen Adventmärkte runden das traditionelle Adventprogramm der Region Seefeld ab. Vielerorts kommt noch das Anklöpfeln hinzu. Dabei ziehen Kinder singend als Hirten verkleidet von Haus zu Haus. Als Lohn erhalten sie Süßigkeiten und Obst. Ebenfalls von Haus zu Haus wandert in der Adventzeit ein Bild von Maria und Josef. Das Bild oder die Figuren werden für einen Tag als „Gast" in den Familien aufgenommen. Damit soll an die mühsame Herbergssuche in Betlehem erinnert werden.

Das Ausräuchern mit der Weihrauchpfanne

Ausräuchern von Haus und Hof. Mit dem 25. Dezember beginnt im Alpenraum die Zeit der Rauhnächte. Früher glaubte man, Frau Holle triebe zu dieser Zeit mit ihrem unheimlichen Heer und manchem Dämon ihr Unwesen und suche die Wohnungen der Menschen und Stallungen der Tiere heim. Dies galt es mit dem Ausräuchern von Stube und Stall zu verhindern. Auch wenn heute niemand mehr an Dämonen glaubt, so wird die alte Sitte des Ausräucherns am Heiligen Abend noch gepflegt. In eine große, mit etwas Glut bestückte Pfanne legt man den wohlriechenden Weihrauch. So zieht der Hausherr gefolgt von der Familie und anderen Bewohnern des Hauses

Weihnacht

Seid willkommen, frohe Tage,
Bilder meiner Rosenzeit,
Wo noch frei von Gram und Klage
Sich mein Herz so hoch erfreut!

Wo in sel'ger Luft ich hüpfte
Vor dem goldnen Weihnachtsbaum,
Wo sich Freud'an Freude knüpfte,
Wie im Leben so im Traum.

Doch die Jahre sind entschwunden,
Mir so teuer und so lieb,
und von all den frohen Stunden
die Erinnerung mir nur blieb!

Und wie dies Gefühl im Herzen
Pfeischnell ist dahingerauscht,
hab'ich auch des Kindes Schmerzen
mit des Jünglings Ernst vertauscht.

Und das Herz ergötzt sich nimmer,
Wo ich einst vor Lust geweint,
Wenn mit seinem Freudenschimmer
Jetzt der goldne Tag erscheint.

Wenn ich auch die Wonne teile
Mit der Kinder heitren Schar
Und beim Weihnachtsbaum verweile,
Der mein ganzes Glück einst war:

Denk' ich wohl noch jener Zeiten,
Wo auch mir das Herz geglüht…
Doch der Kindheit ros'ge Freuden
Sind auf ewig mir verblüht

FERDINAND SAUTER

durch alle Räume. Während der Duft des Weihrauchs verströmt, beten die Menschen das „Vater unser" und den Rosenkranz. Damit danken sie für das vergangene Jahr und erbitten den Segen für das kommende. In den ländlichen Gegenden werden die Stallungen der Tiere mit in das Ritual einbezogen. Oft stellen die Kinder hinterher fest, dass das Christkind in der Zwischenzeit da gewesen war. Denn zurück in der guten Stube finden sie ihre Geschenke unter dem mit Strohsternen und roten Äpfeln geschmückten Christbaum. Ob sie diese gleich oder erst nach dem nächtlichen Gang zur Christmette öffnen dürfen, ist natürlich von Familie zu Familie verschieden.

Weihnachten, wie es früher einmal war. Unter diesem Motto steht der Rattenberger Advent. Auf Verkaufsstände wird hier bewusst verzichtet. Lesungen und Darbietungen bieten ein beschauliches Rahmenprogramm und wecken Erinnerungen – an Weihnachten, wie es früher einmal war. Offene Feuerstellen, Fackeln und Kerzen geben der mittelalterlichen Kulisse der Stadt eine beschauliche Atmosphäre, die keinen Platz für Hektik und Kommerz lässt. Die Gastronomie verwöhnt mit Tiroler Schmankerln und dem Rattenberger Adventwein. Während die Kinder ihr eigenes Kinderprogramm genießen, können die Erwachsenen bei einem Gang durch die Altstadt manchem Glasbläser über die Schulter schauen und doch noch das eine und andere Geschenk erwerben.
In Matrei am Brenner zieht der Tiroler Operetten Advent die Besucher in seinen Bann. Ganz Matrei verwandelt sich in der Vorweihnachtszeit in eine Freilichtbühne. Internationale und nationale Künstler entführen in die Welt der Operette. Beim Besuch des Bauernmarkts erschallen weihnachtliche Jodler und Turmbläser.
Eine Bergweihnacht findet sich im Heimatmuseum Sixenhof in Achenkirch. Die lebensgroße, alpenländische Version der Weihnachtsgeschichte gibt es hier zu bestaunen, umrahmt von alpenländischer Stubenmusik. Dazu kann man die traditionellen Tiroler Zelten und Glühmost genießen.

Speckknödelsuppe

ZUTATEN FÜR 4 PERSONEN

150 g altbackenes Weißbrot oder Brötchen
100 g Speckwürfel
1 Zwiebel
½ EL Butter
1 EL gehackte Petersilie
2 EL gehackte Schnittlauchröllchen
1 Ei
⅛ l Milch
Salz
Pfeffer
1 EL Mehl
1 l Rinderfleischbrühe

ZUBEREITUNG

¶ Das Weißbrot bzw. die Brötchen in ½ cm
große Würfel schneiden.
¶ Die Zwiebel schälen und sehr fein würfeln.
¶ Die Speckwürfel in einer Pfanne bei niedriger
Hitze auslassen, Butter und Zwiebel hinzufügen,
Zwiebel goldgelb braten.
¶ Den Pfanneninhalt mit Brot, Petersilie und
1 EL Schnittlauchröllchen vermischen.
¶ Das Ei mit der Milch verquirlen und pfeffern.
Nur wenig salzen, da der Speck bereits gewürzt
ist. Die Eiermilch auf die Brot-Speckmasse gießen. Das Mehl darüber stäuben. Die Masse mit
den Händen gut durchkneten und anschließend
30 Minuten ruhen lassen.
¶ Mit feuchten Händen 12 Knödel formen.
Diese in reichlich kochendes Salzwasser geben
und bei geringer Hitze circa 10 Minuten eher
sieden als köcheln lassen.
¶ In der Zwischenzeit die Rinderkraftbrühe erhitzen. Die Speckknödel mit einem Schaumlöffel
aus dem Salzwasser heben, kurz abtropfen lassen
und je drei Knödel mit Rindfleischbrühe in vorgewärmten Suppentellern anrichten. Mit dem
übrigen Schnittlauch garniert servieren.

Gefüllte Forellen

ZUTATEN FÜR 4 PERSONEN

4 küchenfertige Forellen (je circa 350 g)
250 g Pfifferlinge (ersatzweise
    Butterschwammerln oder frische
    Champignons)
1 unbehandelte Zitrone
4 Knoblauchzehen
1 Bund gehackte Petersilie
Salz
Pfeffer
100 g Mehl
1 Msp. Paprikapulver scharf
½ TL Paprikapulver edelsüß
4 EL Öl
1 EL Butter

ZUBEREITUNG

¶ Die Forellen waschen und trocken tupfen. Die Pfifferlinge putzen, größere Pilze halbieren oder vierteln. Zitrone waschen und ungeschält in kleine Würfel schneiden. Den Knoblauch schälen und grob würfeln.

¶ Zitrone, Knoblauch und Petersilie mischen und mit Salz und Pfeffer würzen. Die Mischung in die Forellen füllen.

¶ Forellen außen mit Salz und Pfeffer würzen.

¶ Das Mehl mit dem Paprikapulver mischen. Die Forellen darin gründlich wenden.

¶ In einer Pfanne das Öl mit der Butter erhitzen. Die gefüllten Forellen darin von jeder Seite 10 Minuten braten. Anschließend herausnehmen und warm halten.

¶ Die Pfifferlinge ins Bratfett geben, 4 Minuten garen und mit gehackter Petersilie, Salz und Pfeffer würzen.

¶ Die Forelle auf den Pfifferlingen anrichten.

¶ Dazu Salzkartoffeln servieren.

Nuss-Mohnstriezel

ZUTATEN

500 g Mehl
1 Würfel Hefe
225 ml Milch
1 Päckchen Vanillezucker
70 g Zucker
40 g Butter
2 Eier
1 Prise Salz
100 g Haselnusskerne, grob gehackt
100 g Walnusskerne, grob gehackt
50 g Rosinen
150 g gemahlener Mohn
100 g Puderzucker
2 EL Semmelbrösel
5 cl Rum
2 EL Aprikosenkonfitüre
abgeriebene Schale von ½ unbehandelten
    Zitrone
1 EL Honig
1 Eigelb
2 EL Milch

ZUBEREITUNG

¶ Das Mehl in eine Schüssel geben und in die Mitte eine Mulde drücken. Hefe zerbröseln und mit einem Teelöffel Zucker in die Mulde geben. Die lauwarme Milch darüber gießen. Zugedeckt an einem warmen Ort circa 15 Minuten gehen lassen.

¶ Die Butter schmelzen. Den Zucker mit Vanillezucker, 1 Ei, Salz und Butter zum Hefeteig geben. Alles zu einem glatten Teig verarbeiten. Er darf nicht zu fest sein, ansonsten noch etwas Milch dazugeben. Zugedeckt nochmals 30 Minuten gehen lassen.

¶ Die Nüsse in einer Pfanne kurz rösten. Die Rosinen waschen und in dem Rum einweichen.

¶ Für die Mohnfüllung den Puderzucker mit 50 ml Wasser aufkochen. Vom Herd nehmen, den gemahlenen Mohn und die Semmelbrösel hinzufügen. Zitronenschale, Rosinen, Honig, Aprikosenmarmelade, das zweite Ei und die abgekühlten Nüsse mit der Mohnmasse verrühren.

¶ Den Teig auf einer bemehlten Arbeitsfläche rechteckig (circa 40 × 50 cm) ausrollen.

¶ Die Mohnmasse auf dem Teig verstreichen, dabei den Rand frei lassen. Den Teig längs aufrollen und auf ein mit Backpapier ausgelegtes Backblech setzen. Die Rolle längst halbieren, dabei an einem Ende nicht ganz durchschneiden und zu einer Kordel drehen. Nochmals etwas gehen lassen.

¶ Eigelb mit der Milch verrühren. Den Striezel damit bepinseln.

¶ Im vorgeheizten Backofen bei 175 °C etwa 35 Minuten backen.

Es wird scho glei dumper

1. Es wird scho glei dum-per, es wird scho glei Nacht, drum kimm i zu dir___ her, mein Hei-land, auf d'Wacht. Will sin-gen a Lia-dl dem Lieb-ling, dem kloan, du magst ja nit schla-fen, i herst di nur woan. Hei, hei, hei,__ Hei! Schlaf süaß, herz-liabs Kind!

2. Vergiß iatz, o Kinderl, dein Kummer, die Load,
daß du doa muasst leidn im Stall auf der Hoad.
Es ziern ja die Engel die Liegerstatt aus,
mecht schener nit sein drin in Kinig sein Haus.

3. Ja, Kinderl, du bist halt im kripperl so schian,
mi ziemt, i kann nimmer awög von dir giahn;
i wünsch dir von Herzen die süaßeste Ruah,
die Engerln vom Himmel, si deckn di zua.

4. Mach zua deine Äugäl in Ruah und in Fried
und gib mir zum Abschied dein segn no grad mit.
Aft weard ja mei Schlaferl a sorgenlos' sein,
aft kann i mi ruahli aufs Niederlegen freun.

AUS TIROL

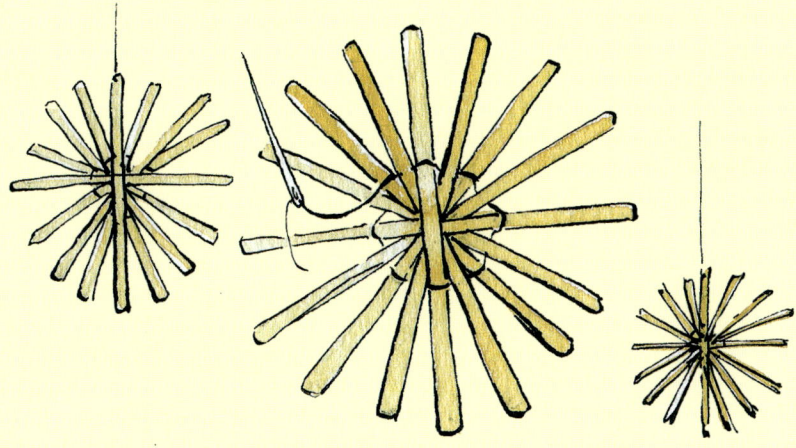

* * * * * * * * * * * *   * * * *

Strohstern

MATERIAL

Bastelstroh für Strohsterne
Goldfaden
Schere

ANLEITUNG

¶ Zwei Strohhalme kreuzweise übereinanderlegen und mit einem im Wechsel darüber- und darunterlaufenden Faden verbinden.

¶ Zwei bis drei solcher Strohkreuze anfertigen und dann übereinanderlegen, sodass die Spitzen wie die Speichen eines Wagenrads aussehen. Die Mitte des Sterns wiederum mit dem Goldfaden fixieren.

¶ An die Halmspitzen zur Verzierung noch Kerben einschneiden.

VON SALZBURG ZU DEN GURKTALER ALPEN

Salzburg

Horcht einmal hinaus!
Bald kommt der Heilige Nikolaus!
Er geht herum, er klopfet an.
Er schaut dort hinauf und da hinein,
dann kommt er sogar zu uns herein
und leert bei uns sein Sackerl aus,
der gute Heilige Nikolaus.

Karte zum hundertjährigen Jubiläum von Stille Nacht

Wie das berühmteste Weihnachtslied der Welt entstand. Einer Legende zufolge überreichte der damalige Hilfspriester Joseph Mohr dem Dorfschullehrer Franz Gruber ein von ihm verfasstes Gedicht mit der Bitte, er möge eine passende Melodie für zwei Solostimmen samt Chor und Gitarrenbegleitung schreiben, da die Orgel nicht funktionierte. So entstand das wohl berühmteste Weihnachtslied der Welt. Am Heiligen Abend 1818 erklang „Stille Nacht! Heilige Nacht!" zum ersten Mal in der St. Nikolaus Kirche in Oberndorf bei Salzburg. Dass das Lied den Weg aus dem kleinen Dorf fand, schreibt man dem Orgelbaumeister Mauracher aus Fügen im Zillertal zu. Als er 1833 in Leipzig mit anderen Musikern Tiroler Lieder vorspielte, erweckte vor allem dieses eine Lied Aufmerksamkeit. Von dort aus trat es seinen Siegeszug durch den deutschsprachigen Raum und um die ganze Welt an. Heute existieren mehr als 300 Übersetzungen in den unterschiedlichsten Sprachen und Dialekten. Die St. Nikolaus Kirche wurde 1897 bei einem Hochwasser zerstört. An ihrer Stelle steht jetzt die Stille-Nacht-Kapelle. Jedes Jahr am 24. Dezember findet eine Gedächtniswanderung von Arndorf nach Oberndorf für die Schöpfer des Liedes statt. Touristen aus aller

Welt reisen extra zu diesem Tag an, um bei der Kapelle das berühmte Lied gemeinsam zu singen. Natürlich darf hier auch ein Weihnachtspostamt, das alljährlich in der Vorweihnachtszeit öffnet, nicht fehlen. Alle Briefe und Postkarten werden nach der Aufgabe im Sonderpostamt mit der aktuellen Weihnachtsbriefmarke und dem Stille-Nacht-Sonderstempel versehen. Das Sonderpostamt befindet sich im Heimatmuseum im Bruckmann-Haus am Stille-Nacht-Platz. Generell spielt im Salzburger Raum die Musik zur Weihnachtszeit eine große Rolle. Sei es als Stubenmusik oder als Adventsingen. In Salzburg selbst gilt das „Adventsingen" im Festspielhaus als Höhepunkt. Eine andere, nicht weniger beliebte Aufführung ist Mozarts „Zauberflöte".

Barbarazweige, Schwerttänze, Kletzenbrot und Mettensuppe. Der hl. Barbara gedenken viele Bergbaugemeinden in Österreich. Auch im Salzburger Raum stellt man Zweige von Kirsch- und Apfelbaum in die Vase. Knappschaften führen ihre Schwerttänze zu Ehren der hl. Barbara auf. Der Dürn-

Stille-Nacht-Kapelle

Stille Nacht! Heilige Nacht!

1. Stil - le Nacht, Hei - li - ge Nacht! Al - les schläft, ein - sam wacht Nur das trau - te, hoch - hei - li - ge Paar. Hol - der Kna - be im lo - cki - gen Haar, schlaf in himm - li - scher Ruh'! Schlaf in himm - li - scher Ruh'!

2. Stille Nacht! Heilige Nacht!
Hirten erst kund gemacht,
durch der Engel Halleluja,
tönt es laut von fern und nah:
Christ, der Retter, ist da!

3. Stille Nacht! heilige Nacht!
Gottes Sohn, o wie lacht
Lieb' aus deinem göttlichem Mund,
da uns schlägt die rettende Stund',
Christ in deiner Geburt!

WEISE: FRANZ GRUBER,
WORTE: JOSEF MOHR

Holzschnitt von Ludwig Richter

berger Schwerttanz lässt sich bis 1586 zurückverfolgen und stellt die verschiedenen Arbeitsgänge der Bergknappen unter Tage nach.

Für das traditionelle Kletzenbrot werden bereits im Sommer Birnen ge-
trocknet und Nüsse gesammelt. Zusammen mit Feigen und Rosinen ergibt
es ein köstliches, süßes Brot. Jede Familie hat ihr eigenes Rezept, das von
Generation zu Generation vererbt wird. Viele Familien lassen ihr Brot
beim Bäcker ausbacken. Sie essen es traditionell vom 1. Advent bis Marie
Lichtmess, dem Ende der kirchlichen Weihnachtszeit.

Am Heiligen Abend gehört der Gang zur nächtlichen Christmette in den Familien dazu. Als wärmende Mahlzeit wird die Mettensuppe, eine kräftige Rindersuppe mit verschiedenen Einlagen, nach dem nächtlichen Gang zur Christmette serviert.

Wo Perchten, Krampusse und Gutseltrager kommen. In Lend-Embach ziehen die Schnabelperchten zwischen Weihnachten und Dreikönigstag durch die Straßen und kontrollieren die Ordnung in den Wohnungen. Wer Glück hat, begegnet am 6. Januar den weiß gekleideten Schönperchten, die Gutes und Glück bringen. Die Krampusse kommen bereits in der Adventzeit. Um den 6. Dezember besuchen sie zusammen mit dem hl. Nikolaus und dem „Gutseltrager" die Ortschaften. Der „Gutseltrager" ist ein knorriger alter Mann mit einem Buckelkorb, in dem er die Süßigkeiten für die Kinder verstaut. Er trägt aber auch ein Rutenbündel mit sich. Im Vergleich zu den wilden Krampussen oder Perchten sieht er allerdings nicht so furchterregend aus. Mit seiner Rute bestraft er die Kinder auch nur auf Geheiß vom hl. Nikolaus. Durch die Stadt Salzburg kommen sie bereits am 4. Dezember. Bei einem Bummel über einen der vielen Salzburger Advent- und Weihnachtsmärkte kann man ihnen begegnen. An jedem Adventwochenende öffnet der Adventmark im Burghof der Festung Hohen Salzburg seine Pforten. Dort findet man vor allem kleine Schaukelpferdchen aus Holz. Gerade in der Weihnachtszeit sind diese Pferdchen in Salzburg sehr beliebt, denn es heißt, wer zu Wehnachten so ein Pferdchen verschenkt oder geschenkt bekommt, der erhalte Glück und Segen. Der Nikolaimarkt auf dem Domplatz gehört zu den berühmtesten in Österreich. In Grödig, auf dem ältesten Adventmark im Salzburger Land, werden traditionelles Kunsthandwerk und traditionelle Speisen wie Kletzen- oder Bischofsbrot angeboten. Vom Turm der Wallfahrtskirche erklingen die weihnachtlichen Weisen der Turmbläser. Auf dem Goldegger Adventzauber stimmt ein abendlicher Spaziergang über einen mit Fackeln ausgeleuchteten Weg, der an Sängern, Geschichtenerzählern, Hirtenjungen und Musikern vorbeiführt, mit allen Sinnen auf das bevorstehende Weihnachtsfest ein.
In Kaprun hingegen können Besucher die größte alpenländische Krippenausstellung Österreichs bewundern.

Ein Winterabend

Wenn der Schnee ans Fenster fällt,
lang die Abendglocke läutet,
vielen ist der Tisch bereitet
und das Haus ist wohlbestellt.

Mancher auf der Wanderschaft
Kommt ans Tor auf dunklen Pfaden.
Golden blüht der Baum der Gnaden
aus der Erden kühlen Saft.

Wanderer tritt still herein;
Schmerz versteinert die Schwelle.
Da erglänzt in reiner Helle
auf dem Tische Brot und Wein.

GEORG TRAKL

Mettensuppe

ZUTATEN FÜR 4 PERSONEN

2 kg Suppenfleisch
Rinderknochen
2 Bund Suppengrün
Suppennudeln nach Geschmack
1 Paar Brühwürste (ersatzweise Frankfurter
   Würste)
1 Paar Kalbswürste
Salz
Pfeffer
Schnittlauch

ZUBEREITUNG

¶ In 5 Liter kaltes Wasser das Suppenfleisch,
die Rinderknochen und das geputzte Suppengrün
geben und zum Kochen bringen. Danach auf
mittlerer Flamme 2 Stunden köcheln lassen.
Anschließend die Suppe abseihen und das
Gemüse auf die Seite legen.
¶ Von der erkalteten Rinderkraftbrühe das Fett
abschöpfen. Erneut zum Kochen bringen, mit
Salz und Pfeffer abschmecken und Suppennudeln
hinzugeben.
¶ Das gekochte Gemüse in kleine Stücke schnei-
den und je nach Geschmack in die Suppe geben.
¶ Von den Brühwürsten das Mett in kleinen
Stücken herausdrücken und in die Suppe geben.
Ersatzweise Frankfurter Würste in die Suppe
geben, diese aber zuvor in Scheiben schneiden.
¶ Die Kalbsbratwürste in Scheiben schneiden
und ebenfalls in die heiße Suppe geben.

¶ Vor dem Servieren mit Schnittlauch bestreuen.
¶ Tipp: Wer mag, kann auch das Suppenfleisch
klein schneiden und zur Suppe geben. Die Mengen von Nudeln und Würsten je nach Geschmack
variieren.

Kletzenbrot

ZUTATEN FÜR 4 BROTE

600 g getrocknete Birnen (Kletzen)
⅛ l Rotwein
1 EL Butter
100 g Walnusskerne, gehackt
250 g Korinthen
30 g Zitronat in Würfel
1 TL Zimtpulver
1 Messerspitze Nelkenpulver
10 cl Kirschwasser
1 EL Rosenwasser
  BROTTEIG:
500 g Mehl
15 g Hefe
30 g Zucker
¼ l lauwarme Milch
1 Ei
30 g Butter
1 Prise Salz
abgeriebene Schale einer unbehandelten Zitrone
1 Ei zum Bestreichen

ZUBEREITUNG

¶ Die Birnen über Nacht in einer großen Schüssel in ½ l Wasser einweichen. Am nächsten Tag die Birnen in einem Topf mit der Hälfte des Einweichwassers, dem Rotwein und der Butter 25 Minuten weich köcheln. (Sie sollten dabei nicht zu weich werden.) In ein Sieb abschütten und die Birnen grob hacken. Mit Zitronat, Walnusskernen, Korinthen, Zimt, Nelken, Rosen- und Kirschwasser in einer Schüssel vermischen. Die Schüssel abdecken und wieder über Nacht an einem warmen Ort ziehen lassen.

¶ Am nächsten Tag für den Brotteig das Mehl in eine Schüssel sieben und in die Mitte eine Mulde drücken. Die Hefe hineinbröckeln und etwas Zucker darauf geben. Mit ⅛ l lauwarmer Milch und etwas Mehl einen Vorteig herstellen. Zugedeckt 15 Minuten gehen lassen.

¶ Die restlichen Zutaten mit einkneten. Alles so lange zu einem glatten Teig schlagen, bis er Blasen wirft. Zugedeckt nochmals 20 Minuten gehen lassen.

¶ Mit feuchten Händen die Hälfte des Brotteigs mit der Birnenmasse verkneten. Aus dem Früchteteig 4 gleich große Brotlaibe formen.

¶ Den restlichen Hefeteig auf der bemehlten Arbeitsfläche 1,5 cm dick ausrollen und in vier Rechtecke schneiden.

¶ Jedes Früchtebrot so in ein Teigstück einwickeln, dass die Nahtstelle auf der Unterseite liegt. Am besten mit feuchten Händen arbeiten.

¶ Die obere, glatte Teigseite mehrmals mit einer Gabel einstechen.

¶ Ein Backblech mit Backpapier auslegen und mit Mehl bestäuben. Die vier Brote mit Abstand auf das Blech setzen und nochmals 10 Minuten gehen lassen. Danach mit dem verquirlten Ei bestreichen.

¶ Im vorgeheizten Backofen auf der mittleren Schiene bei 200 °C circa 1 Stunde backen.

¶ Das fertige Kletzenbrot aus dem Ofen nehmen und auf einem Kuchengitter auskühlen lassen.

¶ Nach zwei Tagen zum Aufbewahren in Alufolie wickeln.

Bischofsbrot

ZUTATEN

120 g weiche Butter und Fett für die Form
140 g Zucker
3 Eigelb
3 Eiweiß
120 g (insgesamt) gehackte Walnusskerne, Mandeln, Haselnüsse, getrocknete Quitten, Blockschokolade, Orangeat
140 g Mehl und Mehl für die Form
1 Prise Salz
1 EL Puderzucker

ZUBEREITUNG

¶ Butter, Zucker und Eigelb schaumig schlagen. Die Nüsse, Früchte und Blockschokolade mit dem Mehl vermischen und löffelweise unter die Eimasse rühren.

¶ Eine Rehrücken- oder Napfkuchenform einfetten und mit Mehl auspudern.

¶ Das Eiweiß mit dem Salz steif schlagen und vorsichtig unter die Teigmasse heben.

¶ Teig in die Kuchenform geben, glatt streichen und im vorgeheizten Backofen bei 150 °C auf der mittleren Schiene 55–60 Minuten backen.

¶ In der Form erkalten lassen, stürzen und mit Puderzucker bestäuben.

Still, still, still ...

1. Still,_ still,_ still weil's Kind-lein_ schla-fen will! Die
Eng-lein_ tun schön mu-si-zie-ren, vor dem Kind-lein ju-bi-lie-ren.
Still,_ still,_ still weil's Kind-lein_ schla-fen_ will!

2. Groß, groß, groß, die Lieb ist übergroß.
Gott hat den Himmelsthron verlassen
und muss reisen auf der Straßen.
Groß, groß, groß, die Lieb ist übergroß.

3. Auf, auf, auf, ihr Adamskinder auf!
Fallet Jesum all zu Füßen,
weil er für uns d'Sünd tut büßen!
Auf, auf, auf, ihr Adamskinder auf!

4. Wir, wir, wir, wir rufen all zu dir:
Tu uns des Himmels Reich aufschließen,
wenn wir einmal sterben müssen.
Wir, wir, wir, wir rufen all zu dir.

SALZBURG

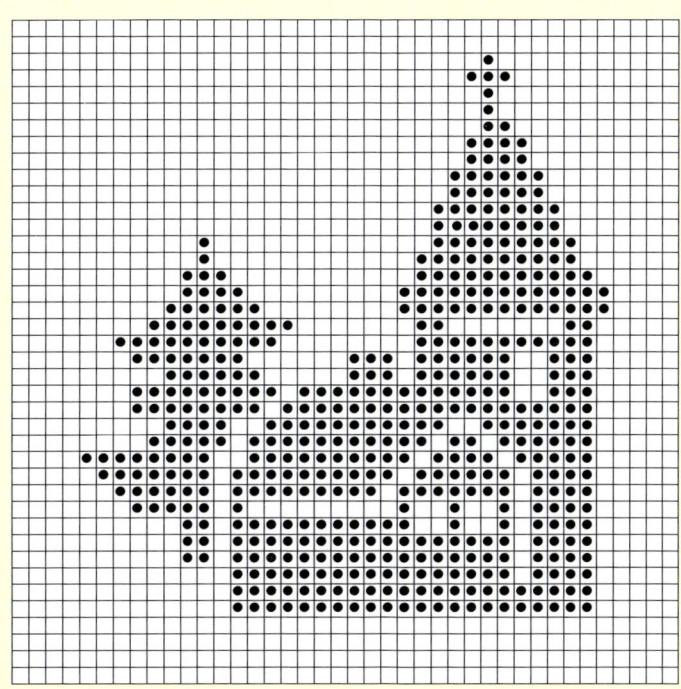

* *

Kleines Häkelbild

MATERIAL

Baumwollhäkelgarn weiß
Häkelnadel Nr. 1,75

ANLEITUNG

¶ Vorlage für das Bild skizzieren oder kaufen.
¶ 81 Luftmaschen und 3 Luftmaschen für das
erste Stäbchen und 1 Luftmasche für das
erste leere Kästchen anschlagen. Laut Zählmuster wei-
terarbeiten. Für ein leeres Kästchen eine Luftmasche und für ein gefülltes Kästchen ein Stäbchen einarbeiten.
¶ Nach dem Häkeln mit lauwarmem Wasser waschen und noch feucht zum Trocknen spannen.

VOM GROSSGLOCKNER ZU DEN NIEDEREN TAUERN

Kärnten

Glöckchen klingt von Haus zu Haus,
heute kommt St. Nikolaus.
Kommt durch Schnee, kommt durch Wind,
kommt zu jedem braven Kind.

Der Glockengießer

Glocken und Schellen künden vom Kommen des hl. Nikolaus. In Hainburg in der Gemeinde Völkermarkt kommt sogar ein ganzer Nikolauszug in die Häuser. Denn hier begleiten den hl. Niko-laus Knecht Ruprecht, der den Buckelkorb mit den Geschenken trägt, ein mit vielen Schellen bestickter, hellrot gekleideter Bajazzo, der Kaplan und der Tod. Sobald der hl. Nikolaus mit seinem Gefolge das Haus verlässt, kommen die Barteln. Sie erschrecken die Kinder und versuchen sie mit ihren Ruten zu schlagen.

In Moosburg begleiten Schiachtperchten, Hexen, Tod und Habergaiß den hl. Nikolaus. Die Ha-bergaiß ist ein als Ziegenbock verkleideter junger Mann. Er trägt eine kunstvoll geschnitzte Holz-maske und auf dem Rücken eine „Buckelkraxen". Die Buckelkraxen ist ein Weidenkorb, wie die Bauern ihn früher besaßen. Den Kindern erzäh-len die Erwachsenen, die Habergaiß nehme im Buckelkorb die bösen Kinder mit sich fort.

In Oberdrauburg findet am Nikolaustag der tradi-tionelle Bartellauf statt. Viele unterschiedliche Perchten lassen sich hier bewundern. Aber auch rund um den Millstädter See sind die für den Ad-vent so typischen Krampus- und Perchtenläufe beheimatet.

Adventfenster öffnen ihre Türen. Der Brauch, die Fenster in der Ad-ventszeit als Kalenderfenster zu dekorieren und zu öffnen, ist in Kärnten weit verbreitet. Je nach Ort sind es einmal nur die Fenster eines Hauses oder aber die von verschiedenen Häusern, die sich an den Adventsonnta-

Lichterbaum auf einer Waldlichtung

gen öffnen. Gern trifft man sich anschließend zur Adventjause: einem gemütlichen Beisammensein mit Gebäck, regionalen Speisen und Glühwein.

Ein Gruß aus den Bergen. So versteht sich der große Lichterbaum vor dem Klagenfurter Rathaus. Jedes Jahr spendet ihn ein anderer Ort aus Kärnten. Feierlich wird er vom Bürgermeister an die Stadt und die Besucher des Christkindlmarkts übergeben und strahlt prachtvoll schon von weitem über den Neuen Platz und die weihnachtlich geschmückte Fußgängerzone. Weihnachten in Kärnten trägt noch den Geruch von Weihrauch, Lebkuchen und Tannenzweigen.

Zum weihnachtlichen Kärnten gehören aber auch die Rorateandachten in den Dorfkirchen. Bei diesen Andachten erleuchten lediglich Kerzen, die die Gläubigen mit sich tragen, die Kirchen.

Ein schwimmender Adventkranz erhellt die Veldener Bucht. Der Veldener Advent verzaubert mit seinen Engeln und Sternen, mit verführerischen Düften zwischen den romantischen Marktständen, warmem Punsch und dem Wohlklang Kärntner Chöre.

Erloschene Sonnen

O Weihnacht! Weihnacht, höchste Feier,
wir fassen ihre Wonnen nicht;
sie hüllt in ihre heil'gen Schleier
das heiligste Geheimnis dicht.

Die Sehnsucht, die zum Himmel lauschte
nach dem Erlöser je und je;
die aus Prophetenherzen rauschte
in das verlassne Erdenweh.

Die Sehnsucht, die so lange Tage
nach Gotte hier auf Erden ging
als Träne, Lied, Gebet und Klage:
sie ward Maria — und empfing.

Das Paradies war uns verloren,
und blieb die Sünde und das Grab.
Da hat die Jungfau ihn geboren,
der das Verlorne wiedergab.

Der nur geliebt und nie gesündet,
Versöhnung unsrer Schuld erwarb,
erloschene Sonnen angezündet,
als er für uns am Kreuze starb.

NIKOLAUS LENAU

Für die Kleinen gibt es ein Engelpost-amt zum Schreiben der Briefe ans Christkind, eine große Engelbackstube und eine Adventbackstube. Hier kön-nen sie zusammen mit Engel und dem Christkind die Zeit des Wartens auf Weihnachten verkürzen. Aber auch aus-gedehnte Winterspaziergänge, roman-tische Fackelwanderungen und Pferde-schlittenfahrten versüßen den Men-schen hier die Zeit vor dem Weih-nachtsfest.

Winterliche Fahrt mit dem Pferdeschlitten

Guten Abend, schön Abend

1. Gu - ten A - bend, schön A bend es weih - nach - tet schon. Gu - ten A - bend, schön A - bend es weih - nach - tet schon. Am Kran - ze die Lich - ter, die leuch - ten so fein, sie ge - ben der Hei - mat ei - nen hell - lich - ten Schein.

2. Guten Abend, schön Abend, es weihnachtet schon.
Guten Abend, schön Abend, es weihnachtet schon.
Der Schnee fällt in Flocken und weiß glänzt der Wald.
Nun freut euch, ihr Kinder, die Weihnacht kommt bald.

3. Guten Abend, schön Abend, es weihnachtet schon.
Guten Abend, schön Abend, es weihnachtet schon.
Nun singt und klingt es so lieblich und fein.
Wir singen die fröhliche Weihnachtszeit ein.

VOLKSLIED AUS KÄRNTEN

Geschmorte Rehkeule mit Wirsing

ZUTATEN FÜR 4 PERSONEN

1,2 kg ausgelöste und gebundene Rehkeule
200 g Knollensellerie
2 Tomaten (ersatzweise 1 TL Tomatenmark)
2 Möhren
1 große Zwiebel
¾ l trockener Rotwein
2 Lorbeerblätter
4 Pimentkörner
4 Gewürznelken
6 Wacholderbeeren
2 EL Butterschmalz
Salz
Pfeffer
1 EL Mehl
1 EL Tomatenmark
¼ l Fleischbrühe
50 g Sahne
1 EL Hagebuttenmark
   (ersatzweise 2 EL Preiselbeeren)
   FÜR DEN WIRSING:
1 kleiner Wirsingkohl, circa 700 g
1 kleine Zwiebel
2 EL Butter
100 ml Gemüsebrühe
100 ml Sahne

Salz
Pfeffer
frisch geriebene Muskatnuss

ZUBEREITUNG

¶ Rehkeule kalt abspülen und trocken tupfen.
¶ Möhren, Zwiebeln und Sellerie putzen, schälen und grob würfeln. Tomaten waschen und vierteln. Möhren, Zwiebeln, Sellerie, Tomaten, Rotwein, Lorbeerblätter, Nelken, Pimentkörner und Wacholderbeeren zu einer Marinade verrühren. Die Rehkeule darin, unter gelegentlichem Wenden, im Kühlschrank 24 Stunden marinieren.
¶ Rehkeule aus der Marinade nehmen und sorgfältig trocken tupfen. Die Marinade durch ein Sieb gießen und auffangen.
¶ Butterschmalz in einem Bräter erhitzen und die Rehkeule darin scharf anbraten. Mit Salz und Pfeffer würzen. Die Gemüsestücke und Gewürze aus der Marinade dazugeben, mit dem Mehl bestäuben und goldbraun rösten.
¶ Das Tomatenmark einrühren. Mit der Marinade ablöschen und mit Fleischbrühe aufgießen.

¶ Den Bräter mit einem Deckel verschließen und die Rehkeule im auf 180 °C vorgeheizten Backofen circa 1,5–2 Stunden weich schmoren. Dabei immer wieder mit dem sich bildenden Bratenfond begießen.

¶ Den Wirsing putzen, waschen und trocknen. In Streifen schneiden. Die Zwiebel fein würfeln.

¶ Butter in einem Topf erhitzen, die Zwiebel darin glasig werden lassen und die Wirsingstreifen darin anschwitzen. Mit der Sahne ablöschen und mit der Brühe auffüllen. Den Wirsing gar dünsten, mit Salz, Pfeffer und Muskatnuss abschmecken.

¶ Die Rehkeule vom Küchengarn befreien, das Fleisch in fingerdicke Scheiben schneiden und warm stellen.

¶ Den Bratenfond durch ein Sieb geben und abschmecken.

¶ Rehkeule zusammen mit der Soße und dem Wirsing anrichten.

¶ Dazu Kartoffel-, Semmel- oder Serviettenknödel, Salzkartoffeln oder Schupfnudeln reichen.

Kletzennudeln

ZUTATEN FÜR 6–8 PORTIONEN

FÜR DEN TEIG:
300 g Mehl
1 Eigelb
1 EL Öl
1 Prise Salz
⅛ l Milch

FÜR DIE FÜLLUNG:
250 g Kletzen (getrocknete Birnen)
Zucker
Zimt
2 cl Birnenschnaps (ersatzweise Rum)
Fett zum Ausbacken

ZUBEREITUNG

¶ Kletzen über Nacht in Wasser einweichen.

¶ Aus Mehl, Eigelb, Öl, Salz und der lauwarmen Milch einen glatten Teig kneten. Den Teig 1 Stunde abgedeckt kühl stellen und ruhen lassen.

¶ Kletzen abseihen und in ausreichend Wasser weich kochen. Anschließend gut pürieren. Durch ein grobes Sieb streichen. Das Kletzenpüree mit Zimt, Zucker und Birnenschnaps abschmecken.

¶ Den Teig in zwei Hälften teilen und jeweils 3 mm dick ausrollen. Auf eine Teighälfte Quadrate von 6 × 6 cm aufzeichnen. Mit dem Teelöffel in die Mitte der Quadrate etwas von dem Kletzenpüree geben. Die zweite Teighälfte vorsichtig darüber legen. Mit den Fingern den Teig um die Kletzenfüllung fest andrücken. Quadrate mit dem Teigrädchen ausradeln.

¶ Die Quadrate in heißem Fett 1–2 Minuten goldgelb ausbacken, auf einem Kuchengitter abtropfen lassen.

¶ Mit Puderzucker bestäuben und servieren.

¶ Tipp: Mit Vanillesoße oder Schlagsahne servieren.

Kärntner Schneekekse

ZUTATEN FÜR ETWA 40 STÜCK

FÜR DEN TEIG:
200 g Mehl
100 g Butter
40 g gemahlene Walnüsse
75 g Puderzucker
½ TL Backpulver
1 Eigelb
2 EL Milch
Zitronensaft
FÜR DIE GLASUR:
75 g Butter
50 g Puderzucker
½ TL Zimt
1 TL Honig
Hagelzucker zum Bestreuen

ZUBEREITUNG

¶ Die Zutaten für den Teig zu einem glatten Teig kneten. Auf einer bemehlten Arbeitsfläche ausrollen und runde Kekse ausstechen.

¶ Auf ein mit Backpapier ausgelegtes Backblech setzen und im vorgeheizten Backofen bei 170 °C etwa 12 Minuten goldgelb backen.

¶ Auf einem Kuchengitter auskühlen lassen.

¶ Die Butter flüssig werden lassen und mit Puderzucker, Zimt und Honig verrühren. Die Kekse damit bestreichen und sofort mit dem Hagelzucker bestreuen.

Weinringe

ZUTATEN

500 g Mehl
200 g Butter
300 g Zucker
1 Ei
1 Prise Salz
100 ml Weißwein (lieblich oder halbtrocken)
1 Eigelb
Zimtzucker

ZUBEREITUNG

¶ Butter mit Zucker und Ei schaumig rühren. Salz, Weißwein und die Hälfte des Mehls untermischen. Das restliche Mehl unterkneten. Den Teig für 1 Stunde kühl stellen.

¶ Auf einer bemehlten Arbeitsfläche 1 cm dick ausrollen und runde Plätzchen mit gewelltem Rand ausstechen. Die Plätzchen auf ein mit Backpapier ausgelegtes Backblech setzen. Mit dem verquirlten Eigelb bestreichen und mit Zimtzucker bestreuen.

¶ Im vorgeheizten Backofen bei 175 °C für 15 Minuten backen. Auf einem Kuchengitter auskühlen lassen.

O Jubel, o Freud

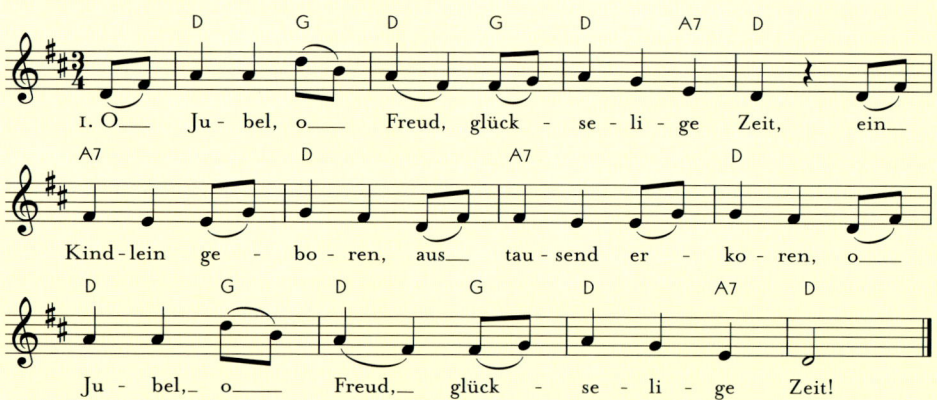

1. O Ju - bel, o Freud, glück - se - li - ge Zeit, ein

Kind - lein ge - bo - ren, aus tau - send er - ko - ren, o

Ju - bel, o Freud, glück - se - li - ge Zeit!

2. Liebreichster Gott, du Trost in der Not,
s'Kindlein liegt in der Krippen, in der eiskalten Hütten,
vor Freuden uns lacht, was die Liebe nicht macht.

3. O Mensch, lauf herbei, dein Herz sich erfreu,
und bitte das Kindlein, hier liegt es in Windlein,
dass es uns einst belohn, vor der Höller verschont.

WEIHNACHTSLIED AUS KÄRNTEN

* *

Fenstersterne aus Span

MATERIAL

Span für Sterne (im Bastelgeschäft
   erhältlich)
Holzleim
Holzstäbchen
Büroklammer

ANLEITUNG

¶ Die gerollten Späne nach Wunsch
ziehen und formen. Stäbchen zu
einem Stern zusammenlegen und
mit Holzleim zusammenkleben.
Späne nach Wunsch auf das Stern-
gerüst kleben und eventuell mit
Büroklammern fixieren. Wenn der
Holzleim trocken ist, die Büroklammer entfernen. Einen Faden oder
Aufhänger anbringen und den Stern
aufhängen.

VON DEN WALDALPEN ZUR NIEDERSTEIERMARK

Steiermark

Christkindlein flieg über mein Haus!
Schüttle deine goldnen Flügel aus.
Streif deine silbernen Schühlein ab,
damit ich auch was vom Christkindlein hab.

Krampus mit Fackel

Krampus-, Perchten- und Nikoloumzüge in der Steiermark. Rund 800 wilde Gesellen verwandeln für einen Abend die kleine Bergstadt Schladming in einen „höllischen" Ort. Hier findet in der Vorweihnachtszeit einer der größten und spektakulärsten Krampusläufe Österreichs statt. Kleiner, aber nicht weniger wild geht es beim Krampuslaufen in Kindberg und Köflach zu. In Wildalpen sind es Krampusse und Perchten, die bereits Ende November ihr Unwesen treiben. In Leibnitz bringen nur die Perchten die Weinstadt mit ihrem Erscheinen zum Gruseln.
In Bad Mitterndorf schreitet hingegen eine Nikologruppe durch die Stadt. Allen voran die Strohmänner, die mit ihren Peitschen den Weg frei machen. Ihnen folgen der Nachtwächter, ein Polizist, der Schimmelreiter

und der Bartel mit seinem Korb voller Süßigkeiten. Die zweite Gruppe bilden der Messner mit dem Klingelbeutel, der Rollenträger und die Engel. Nun erst erscheint der hl. Nikolaus mit dem Pfarrer, dem Bettelmann, dem Schmied, der Habergaiß und dem Gevatter Tod. Den Abschluss bildet Luzifer mit seinem wilden Gefolge, den Krampussen. Wer ihnen auf der Straße über den Weg läuft, den schlagen sie mit ihren Ruten. Wer brav auf dem Gehsteig bleibt, wird in Ruhe gelassen. Den Abschluss der Gruppe bildet der Jäger. Er soll für Ordnung bei den Krampussen sorgen.

Stubenmusik und Josefitragen. An den langen, verschneiten Winterabenden lassen viele die schöne alte Tradition der Stubenmusik wieder aufleben. Etliche der bekannten Weihnachtslieder sind so entstanden. Man sitzt gemütlich im Kreise der Familie oder mit Freunden zusammen, musiziert und singt. Dazu genießt man hier den steirischen Lebkuchen und Kekserl, probiert vom guten steirischen Wein und genießt die stille Zeit im Jahr, wenn draußen die Landschaft unterm Schnee ruht und die Uhren einen Tick langsamer gehen.

Besinnlich geht es auch in der Obersteiermark beim Josefitragen zu. Bei diesem Brauch wird ein Bild der Mutter Gottes oder der Heiligen Familie von Haus zu Haus getragen und jeweils für einen Tag in einer Familie aufgenommen, bevor es wieder weitergereicht wird. Damit soll an die Reise der Heiligen Familie nach Bethlehem und der damit verbundenen Herbergssuche erinnert werden.

Wir sagen euch an den lieben Advent ... Vor der Kulisse der Mariazeller Basilika, inmitten der winterlichen Bergwelt, steht das Sinnliche und Besinnliche der Vorweihnachtszeit auf dem Adventmark im Vordergrund. In

liebevoll geschmückten, mit Schnee bedeckten Holzhäuschen erwarten den Besucher ländliches Kunsthandwerk und Köstliches aus der Umgebung. Ein Engelpostamt, eine Adventbastelstube für Kinder, Wachsziehen, die lebendige Krippe, das 5 m hohe und 1000 kg schwere Lebkuchenhaus und der größte hängende Adventkranz sind nur einige der Höhepunkte, die in Mariazell auf die staunenden Besucher warten. Wer aber ganz in die Ruhe des Advent abtauchen möchte, kann dies bei den morgendlichen Roratefeiern in der Basilika tun.

In der Adventstadt Leoben steht ein ganzes Weihnachtsdorf mit einem Weihnachtsdorfexpress, der durch die Innenstadt dampft. Im Weihnachtsdorf selbst erwartet die Kleinen eine Back- und Bastelstube und selbstverständlich auch die Werkstatt des Christkinds.

In Schladming steht die lebensgroße, begehbare Krippe im Mittelpunkt vom Adventmarkt und dem Schladminger Bergadvent. Sie lädt zum Innehalten vom vorweihnachtlichen Trubel ein. Unter dem Motto „Zeit für Besinnung, Zeit für Natur!" lädt der Nationalpark Gesäuse in die winterliche Natur ein.

Im Schloss Ferrach verzaubern Märchenerzähler und Musikgruppen bei einem Bummel über den Schlosshof. Die Kunsthandwerker lassen sich hier nicht nur über die Schulter schauen. Besucher dürfen selbst mit Hand anlegen und das ein oder andere Weihnachtsgeschenk anfertigen.

Graz bietet eine Vielzahl kleinerer Adventmärkte. Großer Beliebtheit erfreuen sich auch die Eisskulpturen des Eiskünstlers Gert J. Hödl. Zu ihnen gehört auch eine lebensgroße Eiskrippe. Europas größter Adventkalender öffnet täglich eines seiner Fenster und wunderschöne Lichtprojektionen verzaubern die Grazer Altstadt.

Der Johannestag, der Feiertag der Winzer. Traditionell feiert man in der Steiermark am 27. Dezember den Feiertag der Winzer. Am „Johannestag" wird überall in der katholischen Kirche der Johanniswein getauft. Gläubige bringen eine Flasche Wein mit in die Kirche und lassen sie während des Gottesdienstes segnen. Besonders schön und auch für Gäste zugänglich feiern die Einwohner von Schilcherdorf den Johannitag. Bei jedem Emmaus-Winzer in den verschneiten Weinbergen wird halt gemacht und der neue Jahrgang sowie die Spezialitäten aus Küche und Keller gekostet.

Wenn das alte Jahr ausklingt. In einigen Orten pflegt man noch den alten Brauch des Turmblasens. In der Jahresabschlussandacht schallen die Melodien weit ins Land hinein.

In Schattenberg gibt es ein nächtliches Skilaufen mit Fackeln in den Ort hinab. Dem Zuschauer im Tal bietet sich so ein wunderschönes Lichterspiel zum Abschluss des alten Jahres.

Weinberg im Winter

* *

Wünsche zum neuen Jahr

Ein bisschen mehr Friede und weniger Streit.
Ein bisschen mehr Güte und weniger Neid.
Ein bisschen mehr Liebe und weniger Hass.
Ein bisschen mehr Wahrheit, das wäre was.

Statt so viel Unrast ein bisschen mehr Ruh.
Statt immer nur Ich ein bisschen mehr Du.
Statt Angst und Hemmung ein bisschen mehr Mut.
Und Kraft zum Handeln, das wäre gut.

In Trübsal und Dunkeln ein bisschen mehr Licht.
Kein quälend Verlangen, ein bisschen Verzicht.
Und viel mehr Blumen, solang es geht.
Nicht erst an Gräbern, da blühn sie zu spät.

Ziel sei der Friede des Herzens, besseres weiß ich nicht.
PETER ROSEGGER

* *

Steirische Kürbissuppe

ZUTATEN FÜR 4 PERSONEN

1 kg Kürbisfleisch vom Muskatkürbis
2 l Fleischbrühe
½ Lauchstange
1 Sange Staudensellerie
Salz
Pfeffer
⅛ l Sahne
Kürbiskernöl
4–5 EL geröstete Kürbiskerne

ZUBEREITUNG

¶ Das Kürbisfleisch würfeln und in die kalte Fleischbrühe geben.
¶ Lauch und Sellerie putzen, waschen, in kleine Würfel schneiden und dazugeben.
¶ Die Fleischbrühe zum Kochen bringen, das Gemüse darin 60 Minuten garen.
¶ Suppe fein pürieren, Sahne unterrühren und mit Salz und Pfeffer abschmecken.
¶ Die Suppe in vorgewärmten Tellern anrichten. Mit etwas Kürbiskernöl beträufeln und mit gerösteten Kürbiskernen garniert servieren.

Gefüllte Gans

ZUTATEN FÜR 8 PERSONEN

1 Gans, küchenfertig von etwa 3–4 kg
1 Karotte
1 große Zwiebel
Salz
Pfeffer
FÜLLUNG:
800 g Äpfel
1 Zwiebel
Gänseschmalz
Innereien der Gans
2 altbackene Semmeln
etwas Milch

200 g geräucherter Speck
500 g Maronen, fertig geschält
2 Eier
Salz
Pfeffer

ZUBEREITUNG

¶ Für die Füllung die Äpfel, schälen, achteln und entkernen. Die Zwiebel schälen und sehr fein schneiden.
¶ In einer Pfanne etwas Gänseschmalz erhitzen, die Zwiebel darin goldgelb anrösten und die Äpfel hinzugeben. Zugedeckt sanft dünsten.

¶ Die Innereien der Gans hacken und zu den Äpfeln geben.

¶ Die Semmeln in Milch einweichen und ausdrücken. Zusammen mit dem Räucherspeck durch den Fleischwolf drehen.

¶ Die Apfelmasse vom Herd nehmen und die Semmelmasse unterrühren.

¶ Die Maronen vierteln und zusammen mit den Eiern zu der Masse geben. Mit Salz und Pfeffer abschmecken.

¶ Die Gans waschen, trocken tupfen und mit Salz und Pfeffer einreiben.

¶ Mit der Füllung füllen und zunähen.

¶ Die Gans zusammen mit dem geputzten Gemüse in einen Bräter legen.

¶ Nun langsam bei 120 °C 4 Stunden braten. Nach 30 Minuten etwas Wasser angießen. Nach 2 Stunden die Gans mehrmals einstechen, damit das Fett austreten kann. Die Gans von Zeit zu Zeit begießen und eventuell etwas Wasser nachgießen.

¶ Nach 3 Stunden den Deckel vom Bräter nehmen, damit die Gans bräunen kann.

¶ Die gare Gans aus dem Bräter nehmen und warm stellen. Den Bratensaft bei Bedarf mit etwas Mehl oder Soßenbinder binden.

¶ Die Gans tranchieren, die Füllung in Scheiben schneiden und zusammen mit Serviettenknödeln servieren.

¶ Dazu passt Apfelrotkraut oder Weinsauerkraut.

Steirischer Lebkuchen

ZUTATEN

700 g Roggenmehl
200 g Rohrzucker
400 g Honig
3 EL Zimt
1 TL gemahlener Piment
1 TL gemahlener Kardamom
1 TL gemahlene Nelke
1 Msp. gemahlene Muskatnuss
1 Msp. gemahlener Ingwer
2 EL Natron
1 TL Pottasche
1 TL Hirschhornsalz
2 Eier
3 EL Milch
ZUM VERZIEREN:
1 Ei
kandierte Kirschen
geschälte Mandeln

ZUBEREITUNG

¶ Die Pottasche und das Hirschhornsalz jeweils in getrennten Behältnissen mit etwas Wasser auflösen. (Das riecht etwas unangenehm.)

¶ Das Roggenmehl mit den Gewürzen mischen.

¶ Den Honig bei schwacher Hitze in einem Topf erwärmen, damit er flüssig wird.

¶ Eier, Zucker, Milch, Pottasche, Hirschhornsalz und den Honig zum Mehl geben und alles zu einem glatten Teig verarbeiten.

¶ Den Teig 2 Tage zugedeckt in einer Schüssel ruhen lassen.

¶ Auf einer bemehlten Arbeitsfläche den Lebkuchenteig 1 cm dick ausrollen (nicht zu dünn) und Herzen oder Sterne ausstechen.

¶ Mit dem verquirlten Ei bestreichen und mit kandierten Kirschen und geschälten Mandeln verzieren.

¶ Auf einem mit Backpapier belegten Backblech bei 175 °C circa 12–15 Minuten backen.

Mauseckerln

ZUTATEN FÜR ETWA 35 STÜCK

150 g Mehl
100 g weiche Butter
50 g Puderzucker
2 EL Milch
1 Msp. Backpulver
  AUSSERDEM:
1 Eiweiß
40 g gemahlene Haselnüsse
60 g gesiebter Puderzucker

ZUBEREITUNG

¶ Die Teigzutaten zu einem glatten Teig verarbeiten und zugedeckt 1 Stunde kühl stellen.

¶ Das Eiweiß mit dem Puderzucker steif schlagen. Die Nüsse unterheben.

¶ Den Teig zwischen zwei Lagen Folie (aufgeschnittene Gefrierbeutel) circa 4 mm dick ausrollen. Circa 6 cm große Dreiecke ausschneiden und auf ein mit Backpapier belegtes Backblech setzen.

¶ Mit zwei Teelöffeln oder einer Spritztülle etwas von der Eiweißmasse auf die Dreiecke geben.

¶ Im vorgeheizten Backofen bei 170 °C auf mittlerer Schiene 10–15 Minuten backen.

¶ Herausnehmen und auf einem Kuchengitter auskühlen lassen.

O liebe Leut, laßt euch sagen

O liebe Leute, lasst euch sagen,
der Hammer, der hat zwölf geschlagen;
merkt auf, was ich euch jetzt verkünd:
Es ist geboren ein kleines Kind,
welches Messias wird genannt
und all' erlöst von Teufels Band.
Die Altväter hat Gott erhört,
der Himmelstau fiel heut' auf die Erd';
seht, Gottes Sohn vom Himmelreich
liegt hier als Gott und Mensch zugleich.
Betet an und fallet nieder hier
und danket Gott aus Lieb' dafür!
Gelobet sei Gott, Maria fein,
samt neugeborenem Jesulein!
Bereut die Sünd', ach tuet Buß:
Gelobet sei Jesus Christus! –
Hat zwölf geschlagen! –

STEIRISCHES NACHTWÄCHTERLIED

* *

Gerollte Kerzen aus Bienenwachs

MATERIAL

Bienenwachswaben in der gewünschten Farbe
  (im Bastelgeschäft oder beim Imker)
Kerzendocht

ANLEITUNG

¶ Die Wachswaben in der gewünschten Größe
zuschneiden.
¶ Den Kerzendocht an einen äußeren Rand
legen, etwas andrücken und die Wabe vorsichtig
aufrollen. Dabei nicht zu fest drücken, aber
auch nicht zu leicht, damit sich keine Hohlräume
bilden. Am besten in einem warmen Raum
arbeiten und die Waben kurz vor dem Rollen zum
Erwärmen auf den Ofen legen. Aber vorsichtig:
Sie werden schnell weich!

INN- UND MÜHLVIERTEL

Oberösterreich

*O heiliger Sankt Nikolaus,
vergiss nicht unser Haus.
Erst links, dann rechts, geradeaus,
mit oben etwas Rauch heraus.
Du findest uns brav beisammen sitzen
und uns're roten Ohren spitzen.*

Perchtenlaufen und Christbaumtauchen in Mondsee. Bereits vor dem Nikolaustag findet in Mondsee das Perchtenlaufen statt. Neben dem hl. Nikolaus und seinen zwei Engeln, die kleine Geschenke an die Kinder verteilen, nehmen auch allerlei düstere Gesellen daran teil. Es sind die Perchten, zusammen mit den Hexen, die mithilfe ihres Rossschwanzes das Böse vertreiben sollen. Sie streichen mit dem Schwanz über die Zuschauer und wünschen ihnen damit Glück und Fruchtbarkeit. Auch der Bauer ist beim Perchtenlaufen dabei. Er führt die Habergaiß und den Bären mit sich und versucht, beide zu bändigen. Gelingt es ihm, wird es ein gutes und reiches Jahr für die Bauern in der Umgebung geben. Die Hexen dagegen kehren mit ihren Reisigbesen das Böse und Schlechte aus Haus und Hof.

Am 6. Dezember kommt der hl. Nikolaus nochmals nach Mondsee zu den Kindern. Er befüllt die am Vorabend vor die Tür gestellten Schuhe mit Süßigkeiten. Eine Besonderheit vom hl. Nikolaus am Mondsee sind seine eigenen Schuhe. Denn hier trägt er nur goldene Schuhe. Alle anderen Nikoläuse sind nicht echt und werden von den Kindern fortgeschickt.

Ein anderer, ziemlich nasser Brauch existiert in Mondsee bereits seit über 40 Jahren. Schwimmer und Taucher der österreichischen Wasserrettung

Linzer Herzen

tauchen nach drei Christbäumen. Auch Neptun taucht eigens zu diesem Anlass aus dem Mondsee auf und verteilt an die am Ufer wartenden Kinder kleine Geschenke.

Wo das Christkind wohnt. In Christkindl, einem Ortsteil der romantischen Stadt Steyr, wohnt das Christkindl. In Wachs gegossen residiert es in der prachtvollen Walfahrtskirche.
In Christkindl stehen auch zwei prächtige Krippen. Eine einzigartige Mechanik ermöglicht es bei der mechanischen Krippe, mehr als die Hälfte der 300 Krippenfiguren zu bewegen, und die Großkrippe beherbergt auf einem 60 qm großen Krippenberg 778 geschnitzte Krippenfiguren.

Postamt Christkindl

Wo das Christkind wohnt, darf auch sein Postamt nicht fehlen. Seit 1950 öffnet pünktlich zum 1. Advent das Postamt Christkindl seine Amtsstube, um Weihnachtsgrüße in alle Welt zu verschicken. Hier abgeschickte Briefe und Postkarten erhalten eine Sonderbriefmarke mit Sonderstempel. Aber auch die vielen Briefe der Kinder an das Christkind werden hier gesammelt und beantwortet. Die Adresse lautet: An das Christkind, Im Postamt, A-4411 Christkindl.
Kein Wunder also, dass sich das idyllische Städtchen Steyr „offizielle Christkindlstadt" nennt. Der Stadtplatz mit den Renaissance- und Rokokohäusern und den schmiedeeisernen Schildern wirkt wie eine verzauberte Kulisse für den kleinen, feinen Weihnachtsmarkt in der Altstadt. Etwas höher gelegen, am Berg findet alljährlich der Steyr Christkindlmarkt statt. Geschmückte Holzhäuschen mit dezenter Beleuchtung, kulinarischen Schmankerln, Kunsthandwerk und Märchenerzählern versetzen auch hier den Besucher in die richtige vorweihnachtliche Stimmung.

In Bad Ischl im Salzkammergut läuten die Glocken die Adventzeit ein. In den bekannten Konditoreien von Bad Ischl formen fleißige Hände Köstlichkeiten wie Adventkugelhupfe, Ischler Törtchen, Plätzchen und Ringe für den Adventkaffee. Beliebt sind gerade in der Vorweihnachtszeit die kleinen Konzerte. Aber auch der Gang über den Bad Ischler Handwerker-Christkindelmarkt begeistert immer wieder. Hier lassen sich

Tischler, Schreiner und Drechsler bei der Arbeit über die Schulter schauen. Sie stellen in liebevoller Kleinstarbeit traditionellen Christbaumschmuck und Krippen her. In Bad Ischl kann man sich auf eine wunderschöne Kripperlroas begeben. Sie beginnt im Krippenmuseum, anschließend geht es mit dem Pferdeschlitten durch das winterlich verschneite Bad Ischl zu den schönsten Hauskrippen.

Alle vier Jahre wird das traditionsreiche Ischler Krippenspiel aufgeführt. Es handelt sich um das älteste, religiöse Volksschauspiel in Oberösterreich. Eine andere sehenswerte Tradition ist der Glöcklerlauf und der Ritt der Heiligen Drei Könige in der letzten Rauhnacht.

Harfe spielender Junge

Bei Einbruch der Dunkelheit ziehen die „Glöckler" in weißen Gewändern mit ihren großen, kunstvoll gearbeiteten, hell erleuchteten Glöcklerkappen durch den tiefen Schnee von Haus zu Haus. Sie gelten mit ihren riesigen Glöcklerkappen als Lichtbringer. Sie laufen in sogenannten Passen zu je 20 Personen und bieten ein unvergessliches Schauspiel.

Linzer Herzen, Linzer Augen, Linzer Ringe und Linzer Torte: All diese Köstlichkeiten finden sich nicht nur auf den Gabentellern in Oberösterreich wieder. Doch daneben gibt es noch viele andere Köstlichkeiten aus der Region um Linz. Bauernkrapfen, Lebkuchen, Kletzenbrot, Honigkekserl, Edelbrände und auch Glühmost bieten die Bäuerinnen aus Oberösterreich im Innenhof vom „Josef" an. Der Kekserlmarkt im „Josef" bietet Traditionelles aus der bäuerlichen Backstube und bäuerliche Klein-

Zutaten für die Weihnachtsbäckerei

kunst und Handwerk an. Hier lässt sich das alte bäuerliche Brauchtum noch in seiner ganzen Vielfalt bestaunen und genießen.

Linz ist für seine vielen Weihnachtsmärkte bekannt. Wer sich die Zeit nimmt, kann hier nach Herzenslust bummeln, schnuppern und probieren, schöne Geschenke finden und die Vorfreude auf Weihnachten auf sich wirken lassen.

Das geht auch ganz wunderbar bei einem Rundgang über den Weihnachtsmarkt auf dem Hallstätter Marktplatz. Festliche Weihnachtskonzerte und Adventschifffahrten bei Kerzenschein bereichern die Adventzeit am Hallstätter See.

Die Räume von Schloss Weinberg im Mühlviertel bilden den prunkvollen Rahmen für den „Weinberger Advent". Im Rittersaal erklingen weihnachtliche Weisen, dargeboten von Chören und Musikgruppen. Wer mag, kann im Anschluss durch ein Christbaumwäldchen wandern und sich gleich den passenden Baum für das Fest aussuchen.

Der idyllische Ort Strobl am Wolfgangsee verwandelt sich in der Adventzeit in ein heimeliges Krippendorf. Etwas weiter, in St. Gilgen findet man einen barocken Adventmarkt, und in St. Wolfgang leuchtet den Besuchern schon von weitem das große Friedenslicht vom See aus entgegen. St. Wolfgang ist abends in ein Meer aus Kerzenlicht und Fackelschein getaucht. Alle drei Ortschaften zusammen bilden den Wolfgangseer Advent. Regelmäßig verkehren Schiffe auf dem See zwischen St. Gilgen, St. Wolfgang und Strobel.

Lichter auf dem Wolfgangsee

Vom Bratwürschtelsonntag bis zum Krambambulibrennen. Am 1. Advent, zu Beginn der eigentlichen Fastenzeit, wird in der Region zwischen Dachstein, Böhmerwald, Ems und Inn das frühere „Arme Leute Essen" aufgetischt – die Bratwürstel. Am „Bratwürschtelsonntag" gibt es zum Adventkaffee duftende Kekserl, Kletzenbrot und Lebkuchen. In der guten Stube brennt die erste Kerze am Adventkranz und vielleicht überlegen die Bewohner, ob sie einen Weihnachtsmarkt oder eine Krippenausstellung besuchen sollen.

Im Mühlviertel bewundern Einheimische und Besucher in Kefermarkt den spätgotischen Reliefaltar mit der Darstellung von Christi Geburt und dem Zug der Heiligen Drei Könige.

Am Heiligen Abend ist es Sitte, das Friedenslicht von der nachmittäglichen Kindermette mit nach Hause zu nehmen und ins Fenster zu stellen, als weithin sichtbares Zeichen der Freude über Christi Geburt.

Nach den Weihnachtsfeiertagen folgt ein traditioneller Abend in gemütlicher Runde im Wirtshaus. Dort sitzen die Gäste dann beim „Krambambulibrennen" zusammen. Das bedeutet: Zucker wird in einen angezündeten Schnaps eingeschmolzen und selbstverständlich in einem Zug getrunken.

's Christkindl

Du himmlisch schens Kindl,
du bleibst halt noet aus,
Suechst uens eim olli Jahr
Und kehrst ein Haus für Haus.

Bringst ollahand Gaben
Doe guet sán und schen
Awá loegst a viel Gárten
Ein, Gaisln und Zen.

Was wirst gen mehr mir,
Himmlisches Kinderl, habn bracht,
Bist meiner schan lang her
Noet freundli bodacht!

Hast má mei Kind –
Rain so lieb, wie du selm,
Á mit Äugerl blitzblaw
Und mit'n Krauskopf, den gelbn! –

Hast más furt uvotraut
Ünd mit iehm mein halbs Loebn,
Awá na, nimms ná hin,
Host más denn goet a goebn?

Derf leicht spieln iezt mit dir
Und aft sproechts leicht vo mir,
Drum oft blendt mi á Glanz,
Als dád 's: Bst, Vadá Franz!

Hast mà's Weib aft agholt,
Àr á Trum von mán Loebn,
Awá mein, nimms ná zuá,
Hast más gleich wohl á goebn!

Weh tuets, recht weh, à ja!
Do wer waiß's, zu was's nutzt:
Gaili Bam tragn erst Frucht,
wann má's putzt guet und stutzt.

Und leicht ham s'dár iezt áfpáßt,
Wiest furtgflodrátzt bist,
Olli zwai mit án Áftrag
Und — dáß d'noet vogißt?

Hast már eh wohl schan gschickt,
Was mi gstoerkt hat danoebn,
Hör schan's Herz wiedá hámmerln,
Mag'n Kopf glei hoebn.

Hoeb schan wieder an z'äugeln
Und z'lisnár und z'fragen,
So lang Seel und Leib zsamhabt,
Magst gwalti viel tragn!

Und also häi mi furtgschleppt
Bis d'selm wiedá kimmst,
Ha, was bringst mà gen guets
Odá kimmt erst does schlimmst? –

Wasdáwoe ll, mir is's recht
I daleids und mi freut's,
Bringst, o mein, ja dir selm
Nix als — Dornkram und Kreuz!

FRANZ STELZHAMER

Tafelspitz mit Meerrettichkartoffeln

ZUTATEN FÜR 4 PERSONEN

1 kg Tafelspitz vom Rind
2 Markknochen
2 Zwiebeln
2 Möhren
150 g Knollensellerie
½ Stange Lauch
2 Stängel glatte Petersilie
1 TL schwarze Pfefferkörner
1 TL Wacholderbeeren
1 Lorbeerblatt

FÜR DIE MEERRETTICHKARTOFFELN:

1 Zwiebel
1 Petersilienwurzel
2 Möhren
150 g Knollensellerie
800 g Kartoffeln
½ Stange Lauch
2 EL Butter
800 ml Rinderbrühe
100 ml Sahne
2 EL Tafelmeerrettich aus dem Glas
2 EL frisch gehackte glatte Petersilie
Salz
Pfeffer

AUSSERDEM:

frisch geriebener Meerrettich
frische glatte Petersilie

ZUBEREITUNG

¶ Fleisch und Knochen gründlich mit kaltem Wasser abspülen. 3 l Wasser in einem hohen Topf aufkochen, Fleisch und Knochen hineingeben und bei geringer Hitze köcheln lassen. Den dabei entstehenden Schaum immer wieder abschöpfen.

¶ In der Zwischenzeit die Zwiebeln mit der Schale halbieren und in einer heißen Pfanne dunkelbraun rösten, mit der Schnittstelle nach unten.

¶ Möhren und Sellerie schälen und in grobe Würfel schneiden. Den Lauch gründlich waschen und ebenfalls in grobe Stücke schneiden. Nach etwa 1 Stunde Garzeit Zwiebeln, Möhren, Sellerie, Lauch, Petersilie, Pfefferkörner, Wacholderbeeren und Lorbeerblatt mit in die Brühe geben, weitere 2 Stunden köcheln lassen.

¶ Zum Schluss den Tafelspitz herausnehmen und die Brühe durch ein feines Sieb gießen. 800 ml Brühe für die Meerrettichkartoffeln auffangen und in der restlichen Brühe das Fleisch warm halten.

¶ Für die Kartoffeln die Zwiebel schälen und in 1 cm große Würfel schneiden. Petersilienwurzel, Möhren, Sellerie und Kartoffeln schälen, Lauch putzen und ebenfalls in 1 cm große Würfel schneiden.

¶ Die Butter in einem Topf erhitzen, Zwiebel, Petersilienwurzel, Möhren und Sellerie darin anschwitzen. Dann die Kartoffeln dazugeben und alles mit 800 ml Brühe aufgießen. Aufkochen lassen und etwa 15 Minuten bei schwacher Hitze köcheln lassen. Nun den Lauch hinzugeben und das Gemüse weitere 10 Minuten weiter köcheln lassen.

¶ Sahne, Meerrettich und Petersilie hinzufügen, mit Salz und Pfeffer abschmecken.

¶ Den Tafelspitz aus der Brühe nehmen und in dünne Scheiben schneiden. Auf den Meerrettichkartoffeln anrichten und mit frisch geriebenem Meerrettich und Petersilie garnieren.

Linzer Plätzchen

ZUTATEN

200 g Mehl
3 Eigelb
100 g Zucker
100 g gemahlene Walnüsse
1 Prise Nelken
1 TL gemahlener Zimt
150 g Butter
Johannisbeerkonfitüre
Schokoladenglasur
Walnusshälften zum Garnieren

ZUBEREITUNG

¶ Das Mehl auf eine Backunterlage sieben und eine Mulde hineindrücken. Eigelb, Zucker, Walnüsse, Gewürze und die in Stücke geschnittene kalte Butter hineingeben. Alles rasch zu einem glatten Teig verkneten.

¶ Auf einer bemehlten Backunterlage den Teig ausrollen und runde Plätzchen ausstechen. Diese auf einem mit Backpapier ausgelegten Backblech im Backofen bei 180 °C circa 10 Minuten backen.

¶ Auf einem Kuchengitter auskühlen lassen.

¶ Nach dem Auskühlen die Hälfte der Plätzchen mit der Konfitüre bestreichen. Die andere Hälfte darauf setzen. Mit Schokoladenglasur bestreichen und mit einer Walnusshälfte verzieren.

Linzer Herzen

ZUTATEN

375 g Mehl
250 g Zucker
250 g geschälte, gemahlene Mandeln
250 g Butter
abgeriebene Schale einer Zitrone
1 Päckchen Vanillezucker
1 Prise Salz
2 Eier
Puderzucker
Johannisbeer- oder Himbeermarmelade

ZUBEREITUNG

¶ Mehl auf ein Backbrett sieben. In die Mitte eine Vertiefung drücken. Zucker, Eier und Gewürze hineingeben. Darauf die in Stücke geschnittene kalte Butter und die Mandeln geben. Alle Zutaten von der Mitte her rasch zu einem glatten Teig verkneten. Den Teig für 1 Stunde in den Kühlschrank stellen.

¶ Auf einem bemehlten Backbrett den Teig ausrollen und Herzen ausstechen. Von der Hälfte der Herzen in der Mitte ein kleines Herz ausstechen und nur den so entstandenen Herzrand behalten. Alle Herzen auf einem mit Backpapier ausgelegten Backblech bei 180 °C circa 8–12 Minuten backen.

¶ Nach dem Backen die Herzen mit dem Loch in der Mitte sofort mit Puderzucker bestäuben. Die anderen mit Marmelade bestreichen und beide Teile aufeinandersetzen.

¶ Auf einem Kuchengitter auskühlen lassen.

Ischler Krapfen

ZUTATEN

140 g Butter
70 g Zucker
1 Eigelb
70 g gemahlene Mandeln
200 g Mehl
  FÜR DIE FÜLLUNG:
80 g Butter
100 g Puderzucker
1 Eigelb
1 TL Kaffeeextrakt (ersatzweise lösliches Kaffeepulver)
  FÜR DEN GUSS:
100 g Puderzucker
4 EL flüssiger Kaffee
Schokoladenkaffeebohnen

ZUBEREITUNG

¶ Die Butter mit Zucker und Eigelb verrühren. Mandeln und Mehl unterkneten. Den Teig für 1 Stunde in den Kühlschrank stellen.

¶ Teig auf einer bemehlten Arbeitsfläche ausrollen, runde Plätzchen ausstechen und auf ein mit Backpapier belegtes Backblech setzen. Bei 175 °C circa 10 Minuten backen.

¶ Für die Füllung Butter mit Puderzucker und Eigelb schaumig rühren. Mit dem Kaffeeextrakt abschmecken.

¶ Je auf ein abgekühltes Plätzchen einen Klacks Füllung geben und dann ein anderes darauf setzen.

¶ Für den Guss den Puderzucker mit dem Kaffee verrühren und die Plätzchen damit überziehen. Jeweils mit einer Schokoladenkaffeebohne verzieren.

Der Heiland ist geboren

1. Der Heiland ist_ ge-bo — ren! Freu dich, du Chris-ten-
Sonst wä-ren wir_ ver-lo — ren in al-le E-wig-

heit!_____ Freut euch von Her-zen, ihr Chris-ten all, kommt her_ zum
keit._____

Kind-lein im_____ Stall! Freut euch_ von Her-zen, ihr

Chris-ten_ all, kommt her_ zum Kind-lein_ im_____ Stall!

2. Das Kindlein auserkoren,
freu dich du Christenheit!
Das in dem Stall geboren,
hat Himmel und Erd erfreut.

3. Die Engel lieblich singen,
freu dich, du Christenheit!
Tun gute Botschaft bringen,
verkünd'gen große Freud.

4. Den Frieden sie verkünden!
Freu dich, du Christenheit!
Verzeihung aller Sünden
ist uns im Stall bereit't.

5. Der Gnadenbrunn tut fließen.
Freu dich, du Christenheit!
Tut all das Kindlein grüßen,
kommt her zu ohm mit Freud!

6. Freut euch von Herzen, ihr Christen all,
kommt her zum Kindlein im Stall!
AUS OBERÖSTERREICH

* *

Himmlische Boten

MATERIAL

Styroporkegel
Gold-/Metallfolie und
    eventuell Brokatstoff
Watte
Styroporkugel
Goldborte
Filzstifte
Klebstoff
Schere

ANLEITUNG

¶ Den Styroporkegel mit der Gold-/Metallfolie
oder dem Brokatstoff umwickeln und die Folie
oder den Stoff am Kegel festkleben. Am Hals-
ausschnitt die Goldborte festkleben.

¶ Auf die Styroporkugel mit den Filzstiften ein
Engelsgesicht malen. Die Watte als Haar auf die
Kugel kleben und dabei etwas zerteilen, damit es
luftiger aussieht. Mit Goldborte und einem Stern
aus Goldfolie verzieren.

¶ Den Kopf auf den Körper kleben.

¶ Aus Gold-/Metallfolie ein Rechteck von circa
20 × 15 cm schneiden und wie eine Ziehharmonika falten. In der Mitte zum Fächer knicken und
mit der Fächerspitze nach oben am Rücken des
Engels als Flügel befestigen. Nun den Fächer
etwas auseinanderziehen, sodass zwei Flügel
entstehen, und mit Klebstoff fixieren.

Niederösterreich und Wien

Nikolaus du bist lieb und gut,
halfst den Schiffern in der Flut –
schenktest Korn und Mehl und Brot,
halfst vielen Menschen in der Not!

Ein kleines Licht reist um die Welt. An der Flamme in der Geburtskirche Jesus in Betlehem entzündet, reist das Friedenslicht um die Welt. 1989 fingen die Wiener Pfadfinder erstmals mit der Verteilung des Friedenslichts an. Mit einer österreichischen Fluglinie gelangt es nach Österreich und wird dann mit der Bahn in alle Bahnhöfe gebracht. Dort nehmen die Pfadfinder es in Empfang und verteilen es in Kirchen, Krankenhäusern, Altenheimen, Schulen, Kindergärten und Familien.

Am 4. Dezember wird in der Wiener Votivkirche eine vier Meter hohe Artilleristenkerze angezündet, da die heilige Barbara nicht nur die Schutzpatronin der Bergleute, sondern auch der Artilleristen ist. Die Kerze brennt und verströmt ihren Duft über die gesamte Adventzeit.

Die Kerzen auf dem Adventkranz brennen vor allem an den Wochenenden, wenn die ganze Familie beisammen ist. Besonders die Advent-

Auf dem Christkindlmarkt in Wien

wochenenden gehören traditionell der Familie. Sei es für einen gemeinsamen Bummel über einen Christkindlmarkt, einer Krippenschau oder einfach nur für den gemeinsamen Kaffee um den Adventkranz. Zum Adventkaffee gibt es Schokoladenzungen, Pistazienstangerl, Dattelbusserl, Wiener Zimtkuchen, Adventkuchen und die weltberühmte Sachertorte. Im Advent geben die Konditoren gern eine extra Portion Zimt hinein. In Niederösterreich stehen neben dem Adventkranz auch die am 4. Dezember geschnittenen Barbarazweige auf dem Tisch. Mit etwas Glück blühen sie am Heiligabend.

Wenn die Adventfenster aufgehen. In Gerasdorf bei Wien verwandelt sich der gesamte Ort in einen riesigen, wunderschönen Adventkalender. Auch in Markgrafneusiedl wird zwischen dem 1. und 24. Dezember täglich an einem anderen Haus ein Adventfenster geöffnet, bis am Heiligen Abend 24 Fenster hell erleuchten. Am Abend gehen die Menschen von Adventfenster zu Adventfenster. Bei dem neu geöffneten Fenster treffen sie sich zur Adventjause oder zu einem einfachen Umtrunk.
Besinnlich stimmt den Besucher das Lichterlabyrinth beim Adventmarkt im Stift Lilienfeld. Ganz wie von selbst entflieht er hier der Hektik des Alltags und genießt den Gang durch das Labyrinth, bis ihm die Lichter den Weg zum Ausgang weisen. Tanzende Lichter von Kerzen und Fackeln beleuchten den Weg durch den Weihnachtszauberwald beim Alt-Mistelbacher Adventzauber, wo Besucher ein Weihnachten wie in der guten alten Zeit erleben. Eine Christkindl-Wunschzettelannahmestelle, eine Sterndel-Werkstatt, die weihnachtliche Backstube, eine Krippenmanufaktur, ein Märchenkeller und heimelige Marktstände mit Standlern (Marktleute) in historischen Kostümen tragen dazu bei, sich ein wenig an die eigene Kindheit zu erinnern und das „alte" Kinderherz etwas höher schlagen zu lassen.
In den Kittenberger Erlebnisgärten spiegeln sich im Dunkeln die vielen Hundert Lichter in den zugefrorenen Bachläufen und Wasserfällen. Stimmungsvolle Weihnachtsmusik untermalt die schönen Weihnachtdekorationen und lodernden Feuerkörbe am Wegesrand. Wer einmal die Seele so richtig baumeln lassen möchte, sollte seine Schritte hierher lenken. Dem Farbenspiel der Lichter zu folgen und in der zauberhaften Winterwelt zu wandeln, dürfte jeden in weihnachtliche Stimmung versetzen.
Prunkvoll hingegen lässt sich die Adventzeit auf den Schlössern Schallaburg und Grafenegg erleben. Einen mittelalterlichen Weihnachtsmarkt gibt es auf Schloss Dünkrut.

Barbarazweig

Kirche in Niederösterreich

Eine Schuppe vom Karpfen im Geldbeutel. Die Schuppe eines Karpfens soll angeblich Glück bringen und dafür sorgen, dass der Geldbeutel immer reich gefüllt bleibt. Wer also einen Karpfen in der Weihnachtszeit kauft, der sollte sich vom Fischhändler eine Schuppe für den Geldbeutel geben lassen.

Die Wiener Küche ist ja weithin bekannt für ihre Köstlichkeiten. An den Feiertagen wartet sie mit einem traditionellen „Bratelrepertoir" auf. Heiligabend gibt es den unverzichtbaren „Fisch", bevorzugt Karpfen in allen nur erdenklichen Variationen. Am Christtag (1. Weihnachtsfeiertag) den Indian Pockerl oder Schustervogel genannten Truthahn und am Stefanietag (2. Weihnachtsfeiertag) einen Hasen. Folgt auf die Feiertage gleich ein Sonntag, fiel Heiligabend also auf einen Donnerstag, gibt es am vierten Tag eine Gansl, etwas Schweinernes oder einen Hackelputz – das sind die Reste vom Hasen oder Truthahn. Aber auch der Wiener Weihnachtskaffee hat es in sich. Ein Gugelhupf darf neben der Linzer Torte nicht fehlen. Dazu gibt es ein Milch- oder Kletzenbrot, Apfelstrudel mit Schlagobers (Schlagsahne), kandierte Früchte, Schokoladencreme und all die feinen Kekserl (Weihnachtsgebäck) der köstlichen österreichischen Küche.

Wo das Christkind zusammen mit seinen Weihnachtsengeln kommt. Auf dem Wiener Christkindlmarkt am Rathausplatz kommt immer von Donnerstag bis Sonntag das Wiener Christkindl höchstpersönlich und nimmt die Wunschzettel der Kinder entgegen. Es liest Geschichten und Gedichte für die Kinder und Erwachsenen vor und seine Engel helfen den Kindern beim Basteln und Backen. Der Wiener Christkindelmarkt gilt als der kinderfreundlichste Europas. Nicht nur der Christkindelmarkt er-

strahlt an den Abenden in einem Lichtermeer. Ganz Wien ist festlich erleuchtet und natürlich auch der große Christbaum vor dem Rathaus. Jedes
Jahr stiftet ihn ein anderes Bundesland und schmückt ihn festlich.

In den schmalen Gassen des Biedermeierviertels vergisst man beim Bummeln gern die Zeit. Die vielen Lokale und Restaurants in den kleinen, ver-
träumten Gassen laden zum Verweilen nach einem Bummel über den
Markt ein.

Der Weihnachtsmarkt vor der prächtigen Kulisse von Schloss Schönbrunn
dagegen erstrahlt in seiner ganzen imposanten Größe. Vor der romantischen Kulisse des hell erleuchteten Barockschlosses locken die liebevoll
dekorierten Stände viele Gäste an. Der Duft von Mandeln, kandierten
Früchten, Lebzelten (Lebkuchen) und Glühwein liegt in der Luft und stei-
gert die Vorfreude auf Weihnachten.

Christbaum

Hörst du auch die leisen Stimmen aus den bunten Kerzlein dringen?
Die vergeßenen Gebete aus den Tannenzweiglein singen?
Hörst du auch das schüchternfrohe, helle Kinderlachen klingen?
Schaust auch du den Engeln mit den reinen, weißen Schwingen?
Schaust auch du dich selber wieder fern und fremd nur wie im Traume?
Grüßt auch dich mit Märchenaugen deine Kindheit aus dem Baume?
ADA CHRISTEN

★ ★

Karpfenfilets

ZUTATEN FÜR 4 PERSONEN

4 Karpfenfilets
1 Zitrone
1 EL Zucker
2 Eier
Salz
Pfeffer
Mehl zum Panieren
Semmelbrösel zum Panieren
Butterschmalz zum Braten

ZUBEREITUNG

¶ Karpfenfilets waschen und trocken tupfen. Die Filets mit dem Saft der Zitrone und dem Zucker einreiben. Zugedeckt über Nacht kühl stellen.
¶ Die Filets salzen und pfeffern. Anschließend in Mehl, den verquirlten Eiern und den Semmelbröseln panieren. In heißem Butterschmalz ausbacken.
¶ Dazu frischen Erdäpfelsalat servieren.

★ ★

Wiener Erdäpfelsalat

ZUTATEN

500 g Kartoffeln
Salz
½ l klare Rinderbrühe
2 EL Weißweinessig
2 EL Öl
weißer Pfeffer aus der Mühle
1 Prise Zucker

ZUBEREITUNG

¶ Die Kartoffeln kochen, pellen und noch warm in dünne Scheiben schneiden. In eine Schüssel geben, mit Salz bestreuen und mit wenig Brühe beträufeln.

¶ Aus der restlichen Brühe mit Essig, Öl, Pfeffer und Zucker eine Marinade rühren und diese über die Kartoffeln gießen. Vorsichtig unterheben und den Salat 30 Minuten ziehen lassen.

Wiener Zimtkuchen

ZUTATEN

FÜR DEN TEIG:
250 g Quark
6 EL Milch
1 Ei
⅛ l Öl
100 g Zucker
1 EL Vanillezucker
1 Prise Salz
425 g Mehl
1 Päckchen Backpulver

FÜR DIE FÜLLUNG:
250 g gemahlene Mandeln
3 EL Rosinen
3 EL Rum
50 g Zucker
1 ½ TL gemahlener Zimt
1 Msp. gemahlener Kardamom
1 TL abgeriebene Zitronenschale
5 EL Sahne
150 g Marzipanrohmasse
Puderzucker zum Bestäuben

ZUBEREITUNG

¶ Rosinen heiß waschen, trocken tupfen, grob zerkleinern und mit Rum übergießen.
¶ Mandeln mit Zucker, Zimt, Kardamom und Zitronenschale vermischen. Die Rumrosinen und die Sahne hinzugeben und unterrühren.
¶ Das Marzipan in dünne Streifen schneiden.
¶ Für den Teig den Quark abtropfen lassen und mit Milch, Ei, Öl, Zucker, Vanillezucker und Salz verrühren. Das Mehl mit dem Backpulver vermischen, esslöffelweise unter die Quarkmasse rühren und zu einem geschmeidigen Teig verkneten.

¶ Den Ofen auf 180 °C vorheizen.

¶ Den Teig auf einer bemehlten Arbeitsfläche zu einem Rechteck von 40 × 25 cm ausrollen. Von der Längsseite einen Streifen von 2 cm abschneiden.

¶ Teig auf ein mit Backpapier belegtes Backblech setzen. Marzipan darauf legen und die Quarkfüllung darüber streichen.

¶ Die eine Längsseite bis zur Mitte aufrollen, die andere darüber klappen. Den abgeschnittenen Streifen vierteln und quer über den Kuchen legen.

¶ Den Kuchen bei 160 °C 50–60 Minuten goldgelb backen.

¶ Noch warm mit Puderzucker bestäuben.

O Jesulein zart

1. O Jesulein zart, dein Kripplein ist hart, o Jesulein zart, wie liegest so hart! Ach schlaf, ach tu dein Äuglein zu, schlaf und gib uns die ewige Ruh! O jesulein zart, wie liegest so hart!

2. Sei stille, ihr Wind,
lasst schlafen das Kind!
All Brausen sei fern,
's will ruhen so gern.
Ach schlaf und tu die Äuglein zu,
schlaf und gib uns die ewige Ruh.
Seid stille, ihr Wind,
lasst schlafen das Kind!

3. Nichts mehr sich bewegt,
kein Mäuslein sich regt.
Zu schlafen beginnt
das herzige Kind.
Ach schlaf und tu die Äuglein zu,
schlaf und gib uns die ewige Ruh.
Nichts mehr man dann singt,
kein Stimmlein mehr klingt.

Wiegenlied

1. Gu-ten A-bend, gut Nacht, mit Ro-sen be-dacht, mit Näg-lein be-steckt schlupf un-ter die Deck: Mor-gen früh, wenn Gott will, wirst Du wie-der ge-weckt, mor-gen früh, wenn Gott will, wirst du wie-der ge-weckt.

2. Guten Abend, gute Nacht,
von Englein bewacht,
die zeigen im Traum,
dir Christkindleins Baum.
Schlaf nun selig und süß,
schau im Traum 's Paradies,
schlaf nun selig und süß,
schau im Traum 's Paradies.

JOHANNES BRAHMS

* *

Kerzen mit Schablonenmuster

MATERIAL

Kerzen in verschiedenen Größen, Formen
    und Farben
goldfarbene Sprühfarbe oder spezielle Farben für
    Kerzen
Tonpapier oder Schablonenpapier
    (eventuell auch Spitze oder Papierborte)
Cutter
Bleistift
doppelseitiges Klebeband

ANLEITUNG

¶ Mit dem Bleistift eine Schablone auf das
Papier zeichen und diese dann mit dem Cutter
ausschneiden.
¶ Schablone mit dem Klebeband auf der Kerze
befestigen.
¶ Nun die Kerze mit der Farbe besprühen
oder anmalen. Trocknen lassen und dann die
Schablone vorsichtig abziehen.
¶ Wunderschöne Effekte lassen sich auch
mit Spitzen und Papierborten erzielen.

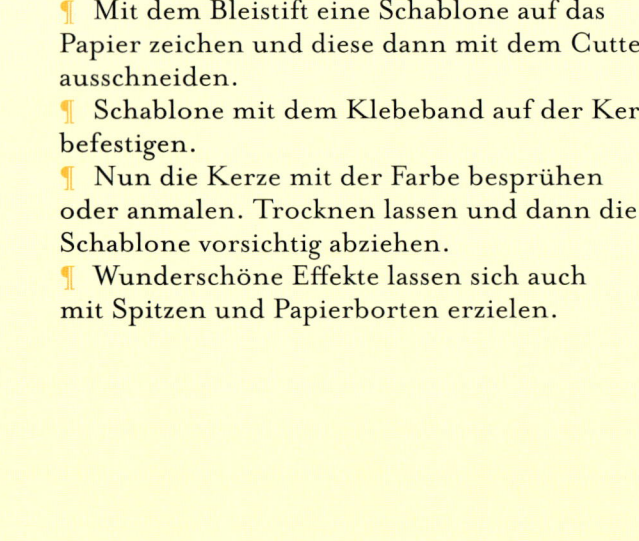

VOM NEUSIEDLERSEE BIS ZUR RAAB

Burgenland

Lieber Heiliger Nikolaus zart,
hab schon lang auf dich gewart'.
Will auf Mutter und Vater hören,
must mir nur was Gut's bescheren.

Wo Kipferln und Krapferln köstlich duften. Wer kennt und liebt sie nicht: die Vanillekipferln, Nußkipferln, Schokoladenkipferln und und und. Hier, im Burgenland steht ihre Wiege. Nach alten Familienrezepten backen fleißige Hände diese kleinen mürben Leckereien. Mal gefüllt, mal gerollt oder bestrichen. Jede Familie hat ihre eigene Backtradition. Unzählige leckere Variationen finden sich auf dem Plätzchenteller und verströmen einen köstlichen Duft.
In Illmitz im Bezik Neusiedl am See wird das Christkindl gebacken. Von diesem Gebildebrot dürfen auch die Tiere am Heiligen Abend kosten.

Am Vorabend vom Barbaratag. Im Tauchental gehen die Buben mit dem Korbatsch, einer Peitsche, durch den Ort. Sie knallen mit ihren Peitschen und wünschen allen Bewohnern Gesundheit und alles Gute für das kommende Jahr. Als Dank für diesen alten Barbarabrauch erhalten sie Süßigkeiten und Geld für notleidende Kinder, genau wie die Sternsinger, die nach Neujahr im Burgenland singend von Haus zu Haus ziehen.

Krippenausstellungen, Turmbläser und Adventmärkte mit besonderem Charme. Papier- und Zinnkrippen aus zwei Jahrhunderten lassen sich in der Zinnfigurenwelt Katzelsdorf bewundern.
Turmbläser gehören im Burgenland unbedingt zur Ad-

ventzeit und erschallen auf fast allen Adventmärkten. Auf der Burg Forchtenstein umrahmen sie den beschaulichen Adventmarkt im Burghof. Aber auch auf dem Weihnachtsmarkt von Schloss Halbturn sind sie zu hören. Kulinarische Leckerbissen, edle Weine aus der Region, Kultur und Unterhaltung machen die reizvolle Kombination dieses Markts aus.

In dem Dorf Breitenbrunn erstrahlen in der Vorweihnachtszeit 100 weihnachtlich dekorierte Fenster. Festlich geschmückt laden sie allabendlich zum Rundgang durch den Ort ein.

Am 6. Dezember feiern viele Orte im Burgenlande Nikolo-Kirtage. Buntes Markttreiben, vermischt mit dem Besuch vom hl. Nikolaus und seinen Krampussen, locken dann die Besucher aus nah und fern an.

* *

Advent

Es treibt der Wind im Winterwalde
die Flockenherde wie ein Hirt
und manche Tanne ahnt wie balde
sie fromm und lichterheilig wird;
und lauscht hinaus. Den weißen Wegen
streckt sie die Zweige hin — breit
und währt dem Wind und wächst entgegen
der einen Nacht der Herrlichkeit.

RAINER MARIA RILKE

* *

Steffel, du Schlafhauben

1. Stef - fel, du Schlaf- haubn, geh heb dich aus dein Nest! S'ist ja ein
Büb - lein bei mir her - in - nen g'west; Das hat sich um - tan, das
hat die Flüg- lein dreht, just wie der Wind das Laub von Bäu- men weht.

2. *Lass ein' doch schlafen, du Narr, gib doch ein Ruh,*
macht einer d'Augen kaum auf dem Strohbett zu,
heißt's schon: Treib d'Schaf aus und blas frisch ins Horn!
Lass ein' doch schlafen, du Narr, gib doch ein Ruh!

3. *Hat erst gerufen: Ihr Hirten auf einmal!*
Lauft nur fein hurtig nach Betlehem in' Stall!
Bin gschwind gelaufen und hab halt eini guckt,
Wunder, mein Steffel, da wär ich bald verzuckt!

4. *Da steht ein Vater, das Kindlein liegt im Heu,*
ein schöne Jungfrau kniet nebn ihm auf der Streu;
d' Eslein tun keuchen, ich kann das gar nicht sagn.
Geh nur, mein Steffel, wir wolln uns eini wagen.

5. *Nimm halt ein Lämmlein, das best von unsrer Herd,*
gebn wir's dem Kindlein, wer weiß, was uns beschert.
Herzliebes Kindlein, nimm an das Lämmlein mein,
's Fleisch kannst du essen, ins Fellchen wickl' dich ein!

6. *Mein Gott wie wird dich nicht in der Krippen friern!*
Könntst du mit mir gehen, wie wär ich doch so froh;
aber der Weg halt, der ist alls z'weit zum Gehen,
geh nur, mein Steffel, gelt ja, das Kind ist schön?

AUS ÖSTERREICH

Rahmkipferl

ZUTATEN

230 g Butter
330 g Mehl
2 Eigelb
5 EL Sauerrahm
1 Prise Salz
    FÜLLUNG:
Marillenmarmelade (Aprikosenmarmelade)

ZUBEREITUNG

¶ Die Zutaten zu einem Teig kneten und für
1 Stunde in den Kühlschrank stellen.
¶ Den Teig auf einer bemehlten Arbeitsfläche
ausrollen und in Dreiecke von 8 cm schneiden.
Diese mit der Marmelade bestreichen, aufrollen
und zu einem Kipferl formen.
¶ Auf einem mit Backpapier belegten Backblech
bei 170 °C etwa 10 Minuten goldgelb backen.

Burgenländer Kipferl

ZUTATEN

400 g Mehl
1 Päckchen Hefe
2 EL Puderzucker
250 g kalte Butter
⅛ l Milch
3 Eigelb
1 Prise Salz
    FÜLLUNG:
3 Eiweiß
200 g Puderzucker
200 g gemahlene Haselnüsse

ZUBEREITUNG

¶ Die Butter schmelzen lassen und mit Milch,
Germ (Hefe), Eigelb, Salz, Mehl und Puderzucker zu einem glatten Teig verarbeiten.
¶ Das Eiweiß mit dem Puderzucker steif
schlagen.

¶ Den Teig in 4 Teile teilen. Jedes Teigstück circa 3 mm dick ausrollen. Mit der Eischnee-masse bestreichen und mit den Nüssen bestreuen.

¶ Zu einer Stange rollen und mit einem runden Ausstecher kipferlförmige Teigstücke abstechen.

¶ Auf einem mit Backpapier belegten Backblech bei 160 °C im Backofen hellbraun backen.

¶ Auf einem Kuchengitter auskühlen lassen und mit Puderzucker bestäuben.

* *

Tokajer

ZUTATEN

280 g Mehl
250 g Butter
3 Eigelb
1 Prise Salz
FÜLLUNG:
Johannisbeermarmelade
GLASUR:
3 Eiweiß
450 g Puderzucker

ZUBEREITUNG

¶ Alle Zutaten auf einer Backunterlage zu einem Teig verkneten und diesen für 1 Stunde kühl stellen.

¶ Den Teig 4 mm dick ausrollen. Eiweiß mit dem Puderzucker steif schlagen, auf den Teig streichen und Halbmonde ausstechen.

¶ Auf einem mit Backpapier ausgelegten Back-blech bei 170 °C circa 8–10 Minuten backen.

¶ Auf einem Kuchengitter auskühlen lassen.

¶ Die Hälfte der Halbmonde mit Marmelade bestreichen und die andere Hälfte auf die bestrichenen Plätzchen setzen.

Weihnachtsklappkarte mit Engel

MATERIAL

Tonpapierfaltkarten und farblich passendes
  Tonpapier
Transparentpapier in den gewünschten Farben
Klebstoff
Cutter oder spitze Schere
Lineal
Bleistift
Kohlepapier

ANLEITUNG

¶ Das gewünschte Motiv mit dem Kohlepapier
auf die Karte übertragen, am besten auf die
Innenseite der Vorderseite. Tonpapier in der
Größe der Vorderseite der Karte zuschneiden.
Mit dem Cutter oder der Schere das Motiv aus
der Karte schneiden.
¶ Nun das Motiv auf der Innenseite der Karte
mit dem Transparentpapier bekleben. Das Tonpapier darüber kleben, sodass das überstehende
Transparentpapier und eventuelle Klebespuren
verdeckt werden.

VOM BRENNER INS TRENTINO

Südtirol

Wenn du magst, dann wirst du mich kennen.
Doch magst du mich nicht, sollst du verbrennen.
Denn ich der Krampus bin verwegen und böse.
Daher gehe ich nun weiter, mit Rauch und Getöse.

Es duftet nach Zimt, Nüssen und Nelken. Die Adventszeit ist auch in Südtirol die Zeit der Leckereien und der Weihnachtsbäckerei. Hier genießt man ein traditionelles Früchtebrot – die Südtiroler Zelten, aber auch den italienischen Pandoro und den Panettone, wobei der Panettone im Gegensatz zum Pandoro kandierte Früchte enthält. Neben den süßen Verführungen gehören herzhafte Spezialitäten wie die traditionellen Speckknödel auf den Tisch.

Die Adventszeit ist auch in Südtirol die Zeit der Stubenmusik, des gemütlichen Beisammenseins rund um den Adventskranz, der Raoratemessen am frühen Morgen und der Krippenbauer und -schnitzer. Es gibt die Krippen in den unterschiedlichsten Größen. Einmal nehmen sie die halbe Stube ein, ein andermal nur ein kleines Fleckchen im Regal. Allen gemeinsam ist jedoch die bäuerliche Szenerie. Ochs und Esel stehen im Stall, der direkt an das Bauernhaus mit seinen kleinen Fenstern angebaut ist. In den Fenstern hängen meistens weiß-rot karierte Vorhänge, und die Bauern und Hirten tragen ihre knielangen Lederhosen, blaue Schürzen und braune Umhänge. Die Bäue-

rinnen zeichnen Kopftuch und eine Heukraxen (Heukorb) aus. Die größeren Krippen bilden ganze Landschaften ab. Die Südtiroler Krippen sind oftmals wahre Kunstwerke, ob sie nun drinnen oder draußen stehen. Wie beispielsweise in den Gassen von St. Pauls, wo alljährlich in der Vorweihnachtszeit die verschneiten Gassen, die Häuser mit ihren Höfen und Fenstern mit den darin aufgestellten Krippen zu einer einzigartigen Szenerie verschmelzen. Der große Christbaum vor der Kirche, die beleuchteten Girlanden und Sterne in den Dorfgassen versetzen den Besucher in ein weihnachtliches Wintermärchen.

In Luttach im Ahrntal steht das ganzjährig geöffnete Krippenmuseum „Maranatha" und präsentiert Krippenschnitzkunst aus dem Ahrntal, Tiroler Bauernkrippen, antike orientalische Krippen und neuzeitliche Darstellungen. Ebenso bekannt sind die handgeschnitzten Krippenfiguren aus dem Grödnertal, die auf eine Jahrhunderte alte Handwerkstradition zurückblicken können.

Wenn schaurige Töne, Glocken und Getöse durch die stille Winternacht schallen, dann sind die „Zussel" unterwegs. An jedem Donnerstag im Advent ziehen im Sarntal die als Zussler verkleideten Sarntaler beim Klöckeln von Haus zu Haus. Sie bitten um Einlass und singen das Klöckellied: „Heint isch ins a heilige Klöcklsnacht, lei was geschah …". Früher war diese Art des Klöckelns im gesamten Alpenraum bekannt, bis heute konnte es sich aber nur im Sarntal in dieser Form lebendig erhalten. Aber

Christkindlmarkt in Sterzing

auch das Adventssingen wird gepflegt, genauso wie der Sarner Alpenadvent mit seinem verschiedenen Kunsthandwerk- und regionalen Spezialitäten-ständen an den Adventswochenenden.

Südtirol ist gerade für seine kleinen regionalen Advents- und Weihnachts-märkte bekannt und beliebt. Die grö-ßeren Märkte haben bis zum 6. Januar geöffnet. Denn bei den italienischen Bewohnern Südtirols bringt nicht das Christkind am Heiligen Abend, son-dern eine Hexe am 6. Januar die Ge-schenke für die Kinder. Die gute Hexe Befana soll sich den Heiligen Drei Kö-nigen angeschlossen haben. Sie verlor sie aber und kam nie beim Jesuskind in Betlehem an. So besucht sie nun Jahr für Jahr jedes Haus und hinterlässt allen lieben Kindern ein Geschenk, in der Hoffnung, das eines davon das Je-suskind sei.

Bruneck verwandelt sich in der Ad-ventszeit in ein romantisches Winter-städtchen. Am 6. Dezember reist der hl. Nikolaus in Begleitung zweier gol-dener Engel und Knecht Ruprecht in einer Kutsche an. Auf dem Rathausplatz erwarten die Kinder ihn schon sehn-süchtig. Alphornbläser und Posaunen-chöre umrahmen den festlichen Auf-zug. Am nächsten Tag geht es wesentlich wilder und lauter zu. Über 150 Kram-pusse treiben dann in der Innenstadt ihr Unwesen. Ihr wildes Treiben hat auch in Südtirol eine lange Tradition.

C–M–B: Das Segnen eines Hauses und seiner Bewohner mit geweihter Kreide

In Toblach im Pustertal findet in der Adventszeit eine Maskenausstellung statt. Sie zeigt die vielfältigen, aus Holz geschnitzten Masken mit dem da-zugehörigen Fell, den Glocken und Schellen. Natürlich treiben auch in Toblach die Krampusse um den Nikolaustag ihr Unwesen.

Wenn Weihnachtsschmuck leise klimpert und weihnachtliche Weisen erklingen. Genau diese Musik lässt die Herzen bei einem Gang über die Weihnachtsmärkte in Bozen, Brixen und Glums höher schlagen. In Meran gibt es ein umfangreiches Rahmenprogramm mit Chören, Theateraufführ-ungen und Adventsingen. Auf dem Christkindelmarkt lassen sich Kunst-handwerker über die Schultern schauen. Hier und da findet sich bestimmt

Mädchen auf dem Meraner Christkindlmarkt

auch ein kleines Mitbringsel als Erinnerung an diese wunderschönen, vorweihnachtlichen Stunden in Südtirol.

Den Abschluss der Südtiroler Weihnachtszeit bilden am 6. Januar die Sternsinger mit ihren Heiligen Drei Königen. Sie ziehen singend von Haus zu Haus, sammeln für bedürftige Kinder in der ganzen Welt und segnen die Häuser und ihre Bewohner. Über die Türen schreiben sie mit geweihter Kreide C-M-B und die jeweilige Jahreszahl. Das steht für „Christus mansionem benedicere" und bedeutet übersetzt „Christus segne dieses Haus".

* *

Das Weihnachtsbäumlein

Es war einmal ein Tännlein
mit braunem Kuchenherzlein
und Glitzergold und Äpflein fein
und vielen bunten Kerzlein.
Das war am Weihnachtsfest so grün,
als fing es eben an zu blühn.

Doch nach nicht gar zu langer Zeit,
da stands im Garten unten,
und seine ganze Herrlichkeit
war, ach, dahingeschwunden.
Die grünen Nadeln warn'n verdorrt,
die Herzlein und die Kerzlein fort.

Bis eines Tags der Gärtner kam,
den fror zu Haus im Dunkeln,
und es in seinen Ofen nahm –
hei! Tats da sprühn und funkeln!
Und flammte jubelnd himmelwärts
in hundert Flämmlein an Gottes Herz.

CHRISTIAN MORGENSTERN

* *

Südtiroler Weinsuppe

ZUTATEN FÜR 4 PERSONEN

3 Scheiben Ciabatta
3 EL Butter
1 EL frisch gehackter Majoran
600 ml Hühnerbrühe
200 ml trockener Weißwein
1 EL Speisestärke
¼ l Schlagsahne
4 Eigelb
Salz
frisch geriebene Muskatnuss
Pfeffer aus der Mühle
Zimtpulver

ZUBEREITUNG

¶ Das Ciabattabrot entrinden, würfeln und zusammen mit dem gehackten Majoran in der Butter anbraten. Auf Küchenpapier auskühlen lassen.

¶ Die Hühnerbrühe erhitzen, Stärke und Weißwein verrühren und zur Brühe geben. Kurz aufkochen lassen.

¶ Sahne und Eigelb verquirlen und mit Salz und Muskat würzen.

¶ Den Topf vom Herd nehmen, die Sahne-Ei-Mischung in die Brühe rühren.

¶ Die Suppe bei kleiner Hitze unter ständigem Schlagen mit dem Schneebesen erhitzen, bis sie gebunden ist. Sie darf nicht mehr kochen! Ansonsten gerinnt das Eigelb.

¶ Die Suppe mit Salz, Pfeffer, Muskat und Zimt abschmecken.

¶ Die Weinsuppe anrichten. Mit den Croutons und dem Majoran garniert servieren.

Käsenocken aus Südtirol

ZUTATEN FÜR 4 PERSONEN

300 g altbackene Semmel
¼ l Milch
300 g Bergkäse
1 Zwiebel
1 EL Mehl
3 Eier
2 EL gehackter Schnittlauch
2 EL gehackte Petersilie
1 Prise Salz
80 g Butter
60 g geriebener Parmesan

ZUBEREITUNG

¶ Die Semmel in Würfel schneiden und in eine Schüssel geben. Die warme Milch darüber gießen und kurz einweichen.
¶ Den Käse in kleine Würfel schneiden.
¶ Die Zwiebel klein schneiden und in etwas Butter goldgelb rösten.
¶ Käse, Zwiebel, Mehl, Eier, Schnittlauch, Petersilie und Salz zu den Semmeln geben. Die Masse mit nassen Händen durcharbeiten. Mit 2 Esslöffeln Nocken formen. In Salzwasser 15 Minuten leicht kochen.
¶ Die Nocken aus dem Wasser heben, auf 4 Tellern anrichten, mit Parmesan bestreuen und mit der zerlassenen, braunen Butter übergießen.
¶ Tipp: 500 g Blattspinat blanchieren, in Streifen schneiden und unter die Masse geben. Genauso weiter wie oben verfahren.

Südtiroler Zelten

50 g Rosinen
200 g getrocknete Feigen
100 g gehackte Haselnüsse
50 g gehackte Mandeln
50 g Pinienkerne
100 g kandierte Früchte
2 cl Grappa
80 g Butter
120 g Zucker
2 Eier
100 g Weizenmehl
10 g Backpulver
70 ml Milch
AUSSERDEM:
Mandeln
Nüsse
kandierte Früchte

ZUBEREITUNG

¶ Die Feigen klein schneiden. Die Rosinen in warmem Wasser einweichen, abgießen und zusammen mit den Feigen, Haselnüssen, Mandeln, Pinienkernen und den kandierten

Früchten in eine Schüssel geben. Mit Grappa tränken.

¶ Butter im Wasserbad schmelzen, Zucker zugeben und umrühren. Eier, Mehl und Backpulver einarbeiten. Den Teig mit der Milch verdünnen. Die Früchte-Nuss-Mischung zugeben und alles gut vermengen.

¶ Eine Kastenform einfetten und den Teig einfüllen. Mit kandierten Früchten, Mandeln und Nüssen verzieren.

¶ Im vorgeheizten Backofen bei 180 °C circa 45 Minuten backen.

¶ Die ausgekühlten Zelten in Cellophanpapier wickeln und mindestens eine Woche ruhen lassen.

* *

Südtiroler Köstenkuchen

ZUTATEN

200 g Butter
80 g brauner Zucker
6 Eigelb
1 Vanilleschote
½ TL abgeriebene Zitronenschale
1 Päckchen Backpulver
60 g Mehl
180 g gemahlene Mandeln oder Wal-/Haselnüsse
200 g Kastanienpüree
6 Eiweiß
100 g Puderzucker

ZUBEREITUNG

¶ Die Butter mit dem Zucker schaumig rühren. Eigelb unterrühren. Zitronenschale, Mark der Vanilleschote, Backpulver, Mehl, Nüsse und das Kastanienpüree gut unterrühren.

¶ Das Eiweiß mit dem Puderzucker steif schlagen und unterheben.

¶ Eine Springform gut ausbuttern. Im vorgeheizten Backofen bei 160 °C Umluft circa 40 Minuten backen.

¶ Mit geschlagener Sahne servieren. Die Sahne mit Vanillezucker und Zimt würzen.

¶ Tipp: Den Köstenkuchen quer durchschneiden und mit der Zimtsahne füllen.

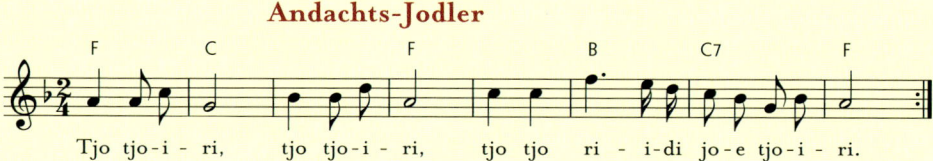

Andachts-Jodler

Tjo tjo-i – ri,   tjo tjo-i – ri,   tjo tjo   ri – i-di jo-e tjo-i – ri.

AUS SÜDTIROL

Fensterkrippe

MATERIAL

Zeichenvorlage für die Krippe
Bleistift
schwarzer Tonkarton
Transparentpapier
Schere
Klebstoff

ANLEITUNG

¶ Die Vorlage auf doppelt gelegten Ton-karton zeichnen und ausschneiden. Die Vorderseite des Motivs mit Transparent-papier bekleben. Die Rückseite gegengleich darauf kleben. Mit Klebestreifen am Fenster befestigen.

VOM RHEIN BIS ZU DEN BERNER ALPEN

Aargau, Basel, Solothurn und Bern

Santi Niggi, Näggi,
hinter im Ofen stäck i,
wenn mer äppis gisch,
so kumme-n-i an Tisch;
gisch mer aber nit,
so kumme-n-i hite nit!
BASEL

Samichlous, I bitte di,
stür mer doch es Ditteli,
nid es großes, nid es chlis,
wie dem Annebäbeli sis.
BERN

Weihnachtsmarkt in Basel

Christkind, Wiehnachtskind, l'Enfant Jésus und il Bambino. So heißt, je nach Kanton und Landessprache das Christkind in der Schweiz. Aber auch sein Erscheinungsbild ist unterschiedlich, im Kanton Bern beispielsweise tritt es als engelhaftes Wesen auf. Überhaupt existiert das Christkind in der Schweiz erst seit 150 Jahren. Bis dahin brachte der hl. Nikolaus als „Samichlaus" die Geschenke zum Weihnachtsfest. Später änderte sich seine Funktion und er wurde zum Tannenbaumträger des Christkinds. Sowohl in den katholischen wie in den reformierten Regionen der Schweiz trägt der Samichlaus Mitra und Bischofsstab. Samichläuse im Kostüm des Weihnachtsmanns sind bei den traditionsbewussten Schweizern verpönt. Auch der Tannenbaum hat noch keine lange Tradition in der Schweiz und steht bis heute nicht in jeder Stube. Dafür zieren die sogenannten Gemeinschaftsbäume Markt- und Dorfplätze. Festlich geschmückt erhellen sie die winterliche Landschaft und künden vom nahenden Weihnachtsfest.

Ein offizielles Weihnachtspostamt gibt es in der Schweiz nicht mehr. Schicken die Kinder ihre Wunschzettel trotzdem per Post, so werden die Briefe in der Poststelle in Chiasso (Tessin) gesammelt und beantwortet.

Adventssingen und Klausenumzüge. Das Adventssingen ist in der Schweiz weit verbreitet. Dazu zählen weihnachtliche Konzerte in Kirchen genau wie das freie Singen. Beim freien Singen tut man sich zusammen und singt gemeinsam Advents- und Weihnachtslieder. In Huttwil im Emmental gehört das Adventssingen zum traditionellen Rahmenprogramm in der Adventszeit. Hier findet auch der „Huttwiler Weihnachtsmärit" statt. Mit seinen über 80 Ständen in der historischen Altstadt gilt er als einer der schönsten Weihnachtsmärkte der Schweiz.

Nicht ganz so besinnlich geht es beim Klausenjagen zu. Dieses farbenprächtige Treiben lockt viele Besucher aus nah und fern an. In der Schweiz gibt es viele Chlausenvereinigungen, die die Tradition des Klausenjagens pflegen. Chlaus schreiben

Christbäumli

Mis Änneli mueß es Bäumli ha
und hundert herrliche Sache dra:
Höch oben es Baby mit Spitzen und Bändere
denn ringsrum Früchte us alle Ländere;
au recht viel Guets für Chinderschnäbeli;
Pastetli, Törtli, Chräpfli, Chräbeli,
Lebchuechemännli und Marzipanwibi
und zuckerne Schäfli,
Hüehnli und Tübli,
denn Dirggeli, Leckerli, Chocoladeplätzli
und Bilder und Spielzeug für mis Schätzli,
und hundert Liechtli mit goldigem Schi,
mueß alles a 's Ännelis Bäumli si.

UNBEKANNT

die Schweizer übrigens mal mit C und mal mit K und außerdem mal mit h und mal ohne h.

Die längste Weihnachtsstraße Europas führt durch Basel. Sie beginnt am weihnachtlich geschmückten Aeschenplatz und führt zunächst über die imposante Freie Strasse. Durch die festlich geschmückte Eisengasse geht es weiter über die idyllische Mittlere Rheinbrücke bis hin zum Messeplatz, wo ein beeindruckender Weihnachtsbaum einen markanten Abschluss bildet.

Weihnachtsstraße in Basel

Wer in der Vorweihnachtszeit durch die festlich geschmückte Altstadt von Basel schlendert, die wunderschön dekorierten Häuser und Schaufenster sieht und im Schein der Lichterketten den köstlichen Duft der regionalen Spezialitäten riecht, den wird der Charme dieser Stadt verzaubern.

In Solothurn sorgt der Clausenmärit am 5. und 6. Dezember für ein festliches Ambiente. In den katholischen Gegenden der Schweiz trifft man auf den Märkten den Knecht Ruprecht als Begleiter vom hl. Nikolaus an. Hier trägt er allerdings Namen wie Schmutzli und Butzli. In der französischsprachigen Schweiz heißt er „Père fonettard". Aber wie der Knecht Ruprecht auch genannt wird, er trägt überall eine Rute für die bösen Kinder und einen Sack voller Süßigkeiten für die braven Kinder mit sich.

Wenn die Adventsfenster leuchten. An jedem Tag im Dezember öffnet in den Gemeinden ein Haus ein Adventsfenster. So erstrahlt das ganze Dorf auf wunderbare Art und Weise bis Weihnachten täglich ein Stück mehr. Das jeweilige Fenster wird dann abends bestaunt. Dabei trinken die Bewohner Glühwein und Tee und probieren typisches Weihnachtsgebäck wie Basler Brunsli, Basler Leckerli, Berner Bärentatzen, Berner Lebkuchen und Mailänderli.

Aber auch ganze Häuser, vor allem an den Marktplätzen in den Städten, werden zu Adventskalendern umdekoriert. Diese prächtig geschmückten Häuser ziehen Besucher magisch an.

Tête de Moine Fondue

ZUTATEN FÜR 4 PERSONEN

500 g geriebener Gruyère
300 g geriebener Tête de Moine
1 halbierte Knoblauchzehe
350 ml Weißwein
1 TL Zitronensaft
4 gestrichene TL Maisstärke
2 cl Kirschwasser
Pfeffer
Muskatnuss

ZUBEREITUNG

¶ Den Fonduetopf mit der Knoblauchzehe ausreiben.
¶ Gruyère und Tête de Moine mit der Maisstärke vermischen und zusammen mit Weißwein und

Zitronensaft unter kräftigem Rühren aufkochen, bis der Käse geschmolzen ist.
¶ Das Kirschwasser hinzufügen und mit Pfeffer und Muskatnuss würzen.
¶ Sofort servieren und genießen.

Berner Bärentatzen

ZUTATEN

250 g Butter
175 g Zucker
1 Ei
1 Vanilleschote
75 g gemahlene Mandeln
175 g Mehl
175 g Stärkemehl
FÜR DIE FÜLLUNG:
Aprikosenmarmelade

FÜR DIE GLASUR:
125 g Blockschokolade
40 g Butter

ZUBEREITUNG

¶ Die Butter mit dem Zucker schaumig rühren. Ei, Mandeln, Stärkemehl, Mehl und das Mark der Vanilleschote unterrühren.

¶ Die Masse in einen Spritzbeutel mit gezackter Tülle einfüllen und gleichmäßig große Bären-tatzen auf ein mit Backpapier ausgelegtes Back-papier spritzen. Bei 200 °C circa 10–15 Minuten goldgelb backen.

¶ Plätzchen auf der Oberseite mit der Apriko-senmarmelade bestreichen und immer zwei mit der Unterseite nach oben zusammensetzen.

¶ Für die Glasur die geriebene Blockschokolade und Butter schmelzen. Die Bärentatzen mit einem Ende in die Glasur tauchen und auf einem Kuchengitter abkühlen lassen.

* *

Basler Brunsli

ZUTATEN FÜR 45 STÜCK

250 g gemahlene Haselnüsse
150 g Halbbitterschokolade
150 g Zucker
1 TL Zimt
½ TL gemahlener Kardamom
½ TL gemahlene Zitronenschale
2 Eiweiß
1 EL brauner Rum
grober Zucker

ZUBEREITUNG

¶ Die Schokolade grob zerkleinern und im warmen Wasserbad schmelzen.

¶ Die Nüsse mit dem Zucker, der Zitronenschale und den Gewürzen mischen.

¶ Das Eiweiß steif schlagen. Nacheinander die Nussmischung, Schokolade und den Rum untermischen.

¶ Die Masse für 2 Stunden kalt stellen, dann zu viereckigen Sternen formen und in grobem Zucker wälzen.

¶ Auf ein mit Backpapier belegtes Backblech setzen und im vorgeheizten Backofen bei 200 °C circa 5 Minuten backen.

Es ist für uns eine Zeit angekommen

1. Es ist für uns eine Zeit an-ge-kom-men, die bringt uns ei-ne gro-ße Freud. Ü-ber schnee-be-glänz-te Feld wan-dern wir, wan-dern wir durch die wei-te, wei-ße Welt.

2. Es schlafen Bächlein und Seen unterm Eise,
es träumt der Wald einen tiefen Traum.
Es schlafen Bächlein und Seen unterm Eise,
es träumt der Wald einen tiefen Traum.
Durch den Schnee, der leise fällt, wandern wir,
wandern wir durch die weite, weiße Welt.

3. Vom hohen Himmel ein leuchtendes Schweigen
erfüllt die Herzen mit Seligkeit.
Vom hohen Himmel ein leuchtendes Schweigen
erfüllt die Herzen mit Seligkeit.
Unterm sternbeglänzten Zelt wandern wir,
wandern wir durch die weite, weiße Welt.

TEXT: PAUL HERMANN
MELODIE: AARGAUER STERNDREHERLIED

Christbaumschmuck
– Klausenlichtli

MATERIAL

Zeichenvorlage für ein Lichtli
Tonpapier in der gewünschten Farbe
Transparentpapier
Bleistift
Lineal
Schere
Klebstoff
Faden oder Band zum Aufhängen
elektrische Lichterkette
Teelicht

ANLEITUNG

¶ Die Vorlage vergrößern und auf das Tonpapier
übertragen. Den Boden und die Seitenwände vorsichtig
mit der Schere nachziehen, damit sie sich später besser
falzen lassen.
¶ Die Umrisse vom Lichtli und die Motive ausschneiden.
Letztere von der Innenseite des Lichtlis mit Transparentpapier bekleben.
¶ Lichtli falten und an den Kanten zusammenkleben.
¶ Nach dem Trocknen an zwei gegenüberliegenden Ecken
einen Faden oder ein Band zum Aufhängen ziehen.
¶ Wer möchte, kann für jedes Lämpchen einer Lichterkette
ein Lichtli basteln. Wer ein Teelicht hineinstellen möchte,
sollte das Klausenlichtli lieber auf den Tisch stellen und
nicht aufhängen beziehungsweise es entsprechend größer
und stabiler basteln.

Innerschweiz und Zürich

Vom Himmel falled d'Flöckli
wie Fäderli lislig-lis
em Samichlaus sis Hüüsli
und d'Tännli sind scho wiis.
Vo jedem Chind im Dörfli
weiss er alles ganz genau
und mängisch mues er süüfzge —
dann süffzged s'Eseli au

Das Märlitram in Zürich

Das „Märlitram" vom St. Nikolaus. Aus der Züricher Weihnachtskulisse ist eine als Märlitram umgebaute Straßenbahn nicht mehr wegzudenken. Die rote, mit Engeln, Sternen und Nikoläusen verzierte Bahn fährt in der Adventszeit täglich alle 25 Minuten ab Bellevue. Zwei Engel, die den Nikolaus begleiten, erzählen den Kindern während der Fahrt durch das weihnachtlich geschmückte Zürich Geschichten und Märchen.

In der Vorweihnachtszeit wird Zürich dank unzähliger Lichter in den Straßen und Schaufenstern in ein warmes Licht getaucht. Hinzu kommen der winterliche Charme und die süßen Verlockungen der Cafés und ansässigen Schokoladenfabrikanten. All diese Verführungen findet der Besucher auch auf den vielen Weihnachtsmärkten. Im Herzen der Stadt lädt der City-Weihnachtsmarkt zu einem gemütlichen Bummel ein. Auch den größten überdachten Weihnachtsmarkt Europas findet man in Zürich, den Christkindlimarkt im

Am Limmatquai in Zürich

Hauptbahnhof. Auf dem traditionellen Weihnachtsmarkt in der Altstadt bieten Aussteller und Kunsthandwerker aus aller Welt ihre Waren an. Wer mag, kann im Anschluss die Winterromantik an der Promenade des Zürichsees genießen oder in eines der vielen feinen Cafés gehen.

Auch in Zürich findet am 6. Dezember der Samichlaus-Umzug statt. In Arth im Kanton Schwyz nehmen bis zu 600 Mitwirkende am Klausenumzug teil. Mit einem Heidenlärm ziehen sie durch die Straßen. In Küssnacht erwecken beim Klausenjagen besonders die beleuchteten Bischofshüte, Infuln genannt, Aufsehen. Abends gewinnt man den Eindruck, als würden sie auf den Schultern der Männer tanzen. In Küssnacht – wie vielerorts in der Schweiz – dürfen nur Männer den Klausenvereinen beitreten und an den Umzügen mitwirken. Bis zu 1500 Mitwirkende zählt das Küssnachter Klausenjagen, das immer am 5. Dezember stattfindet.

Zu Nikolaus dürfen die Grittibänze nicht fehlen. Sie sollen Nikoläuse in Teigform darstellen, erinnern aber eher an lustige Teddybären und schmecken herrlich.

Es ist für uns eine Zeit angekommen. Das alte Sterndreherlied aus dem Wiggertal im Kanton Luzern erklingt in der Vorweihnachtszeit überall in der Schweiz. Beim Adventssingen, beim freien Singen und vor allem bei den Sterndrehern (Sternsinger). Diese kommen in der Schweiz bereits vor Weihnachten. Am goldenen Sonntag, das ist der Sonntag vor Weihnachten, ziehen sie durch Luzern, angeführt vom Adventskranzträger und einem Chor. Es folgen der Stern und die Heiligen Drei Könige samt Dienerschaft. dahinter reitet Maria mit dem Kind auf dem Esel, geführt von Josef. Dem Heiligen Paar folgen Hirten mit Schafen und

Der Höhepunkt des Klausabends — ein Lichtermeer von 200 Infuln

Singing Christmas Tree

Ums Samichlaushüüsli

Ums Samichlaushüüsli
liit schuehtief der Schnee.
Viel hungrigi Tierli
händ es Liechtli drin gseh.

Sie chömet scho z'düüsle
bi Tag und bi Nacht,
Mir händ dene Tierli
es Chrüpfli zwägg gmacht.

Die Häsli, die Rehli –
sie wüssets gar guet,
dass mir zwei sie gärn händ
und das tuet ne guet.

Sie lueget eus früntli
und zuetraulich a.
Mir sind ja für alle
zwei güetige Maane.

Ich striichle min Bart
und brummle froh dri:
„Gottlob, mir händ z'ässe,
ihr chönd jede Tag cho!"

DICHTER UNBEKANNT

vielen Gaben. Auf verschiedenen Plätzen in der Altstadt von Luzern bleibt die Gruppe stehen, damit die Heiligen Drei Könige zusammen mit den Hirten in beeindruckender Weise der Heiligen Familie huldigen können. Der Chor singt dazu alte Schweizer Weihnachtslieder. Zum Abschluss eines jeden Halts stimmt die Gruppe gemeinsam mit den Zuschauern das Lied „Stille Nacht! Heilige Nacht!" an.

Ein immergrüner Weihnachtsbaum. Anstelle des Tannenbaums findet man in der Schweiz häufig den Klausenbaum, ein immergrünes Bäumchen oder einen Buchsbaum. Heiligabend trifft man sich nach der Kirche mit der Familie oder Freunden und beschenkt sich. Das Christkind, ohnehin erst in den letzten Jahren als Gabenbringer verbreitet, ist vielerorts als weihnachtliche Symbolgestalt schon wieder im Schwinden begriffen. Nach der Bescherung sitzt man gemütlich bei einem Käsefondue zusammen, singt und plaudert. Schon der Schweizer Reformator Zwingli betonte, dass nicht das Beschenken, sondern das Zusammensein das Wichtigste am Weihnachtsfest sei. Das Besinnliche soll in der Adventszeit im Vordergrund stehen. Was beim Anblick der imposanten Schweizer Bergwelt, die sich zu Weihnachten in ein zauberhaftes winterliches Kleid hüllt, nicht besonders schwer fällt.

Weihnachtsmarkt beim Kloster Einsiedeln SZ

Der höchstgelegene Weihnachtsmarkt Europas. In 2132 m Höhe erwarten den Besucher 50 Aussteller aus der Region rund um den Luzerner Pilatus. Chöre und Alphornbläser untermalen die besondere Atmosphäre dieses Markts. Am Abend wirkt der Markt auf dem Pilatus wie eine Insel im Lichterglanz der Stadt. Genauso ausgefallen ist der Weihnachtsmarkt von Brunnen. Er ist in den Felsenkellern einer ehemaligen Sektkellerei beheimatet.

In der kleinen Klosterstadt Einsiedeln im Kanton Schwyz steht der Weihnachtsmarkt vor dem prächtigen Benediktinerkloster aus dem 18. Jahrhundert. Bis zu 150 Häuschen und Stände laden zu einem Rundgang auf dem Weihnachtsmarkt und im Anschluss zum Besuch des Klosters ein. An den Wochenenden erschallen aus dem Kloster die Weihnachtslieder weit über das Land.

Innerschweizer Fondue

ZUTATEN

1 Knoblauchzehe
300 ml Weißwein
1 TL Zitronensaft
300 g geriebener Sbrinz
200 g geriebener Raclettekäse
300 g geriebener Schweizer Tilsiter
3 TL Maisstärke
2 cl Kirschwasser
Pfeffer aus der Mühle
etwas Muskatnuss

ZUBEREITUNG

¶ Den Fonduetopf mit der Knoblauchzehe ausreiben.

¶ Sbrinz, Raclettekäse und Tilsiter mit der Maisstärke vermischen und zusammen mit dem Weißwein und Zitronensaft unter ständigem Rühren aufkochen.

¶ Das Kirschwasser hinzugeben und mit Pfeffer und wenig Muskatnuss würzen.

¶ Auf dem Rechaud am Tisch weiter köcheln lassen und zwischendurch immer wieder mit der Gabel umrühren.

Luzerner Lebkuchen

ZUTATEN

80 g Birnendicksaft für den Teig
200 ml Milch
100 ml Rahm
90 g Butter
75 g Zucker
500 g Mehl
15 g Natron
12 g Lebkuchengewürz
60 g Birnendicksaft zum Bestreichen

ZUBEREITUNG

¶ Birnendicksaft, Milch, Rahm, Butter und Zucker auf 40–50 °C erwärmen. Das Mehl mit Natron und Lebkuchengewürz vermischen und dazu sieben.

¶ Mit gut bemehlten Händen den eher weichen Teig zu kleinen Kugeln formen und leicht flach-drücken.

¶ Mit ausreichend Abstand auf ein mit Back-papier belegtes Backblech setzen und noch etwas ruhen lassen.

¶ Im vorgeheizten Backofen bei 200 °C circa 15 Minuten backen. Noch heiß mit Birnendicksaft bestreichen.

¶ Tipp: Den Teig mit einem Eisportionierer formen.

★ ★

Grittibänze

ZUTATEN

500 g Mehl
25 g Hefe (kein Hefepulver)
2 EL lauwarmes Wasser
80 g Zucker
½ TL Salz
80 g weiche Butter
¼ l Milch
½ TL abgeriebene Zitronenschale
1 Ei

AUSSERDEM:
1 Eigelb
Rosinen, Korinthen, Sultaninen
halbierte geschälte Mandeln
Cocktailkirschen
Hagelzucker

ZUBEREITUNG

¶ Das Mehl in eine vorgewärmte Schüssel sieben und in die Mitte eine kleine Mulde drücken.

¶ Die leicht zerbröckelte Hefe mit dem lauwarmen Wasser verrühren und in die Mulde gießen. Mit etwas Mehl vermischen und abgedeckt an einem warmen Ort aufgehen lassen.

¶ Die lauwarme Milch, Butter, Salz, Zucker, Zitronenschale und das Ei beigeben und den Teig so lange kneten, bis er Blasen wirft.

¶ Den Teig nochmals an einem warmen Ort zugedeckt gehen lassen.

¶ Aus dem Teig ganz nach Fantasie kleine oder große „Grittibänze" formen.

¶ Auf ein mit Backpapier belegtes Backblech setzen und nochmals zugedeckt – dieses Mal an einem kalten Ort – ruhen lassen.

¶ Die Männchen mit dem verquirlten Eigelb bestreichen, Rosinen als Augen ins Gesicht setzen und mit Mandeln, Hagelzucker und Cocktailkirschen die Brust und den Bauch dekorieren. Eventuell mit einer kleinen Rute ausstatten.

¶ Im vorgeheizten Backofen je nach Größe bei 180 °C 20–40 Minuten backen.

Klausenbaum

MATERIAL

Buchsbaumzweige
Styroporkegel oder ein Kegel aus
    Blumensteckmasse
immergrüne Äste
Kiefernzapfen
Schleifen
Blumenbindedraht
Blumentopf

ANLEITUNG

¶ Die Kiefernzapfen und Schleifen mit dem Blumendraht umwickeln. Wer möchte, kann außerdem noch Perlen, Gewürznelken und Sternanis benutzen und diese ebenfalls mit Blumendraht fixieren.

¶ Den Kegel in den Blumentopf stellen. Die Buchsbaumzweige passend zuschneiden und in die Steckmasse oder das Styropor stecken. Wenn der Baum begrünt genug ist, dekoriert man ihn mit den Kiefernzapfen und Schleifen. Diese dafür einfach mit Blumendraht an den Ästen festbinden.

¶ Wer es einfacher mag, kauft gleich einen Buchsbaum in Kegelform und verziert ihn mit Kiefernzapfen, Schleifen, Perlen und Gewürzen.

BODENSEE, SÄNTIS UND BERNINA

Nordostschweiz und Graubünden

Christkindele, Christkindele,
kumm du zue uns eryn!
Me hänn e frischs Heubindele
un au e Gläsele Wyn:
e Bindele
für's Esele
für's Kindele
e Gläsele.
Und bete kenne mer au.

Samichlaus und Schmutzli begleiten den hl. Nikolaus. In Bad Ragaz kommen am 6. Dezember je 20 Samichläuse und Schmutzli mit dem hl. Nikolaus. Vom Föhrenwäldli ziehen sie durch das Dorf zum Dorfplatz, auf dem Kinder und Erwachsene sie bereits erwarten. Begeistert werden sie von der Menge empfangen und bestaunt. Die Gruppe ist in ihrem einzigartigen Erscheinungsbild wunderschön anzusehen. Die Schmutzli tragen ein braunes Gewand mit Sack, Rute und Glöcklein. Der Samichlaus trägt einen roten Mantel, Sack und eine Laterne. Der hl. Nikolaus kommt in Bischofsornat und Mitra, einem goldenen Buch und dem Bischofsstab. In Bad Ragaz distanziert man sich traditionell von den lauten Nikolausumzügen und den mit Ruten auf die Kinder schlagenden Schmutzli.

Klausenbräuche gehören zum festen Bestandteil in der Nordostschweiz. Sie beginnen im Glarnerland bereits Ende November und enden im Appenzeller

Weihnachtsmarkt am Kloster St. Gallen

Hinterland Ende Januar. In ganzen Teilen des Mittellands ziehen Silvester dreierlei Kläuse durch das Land. Es sind die sogenannten schönen, wüsten und schön-wüsten Silvesterkläuse. Sie tragen mit Perlen und Stickereien verzierte Gewänder, kunstvoll geschnitzte Holzmasken und eine komplette Berglandschaft auf ihren rechteckigen Hüten. Im Kanton St. Gallen marschieren zweierlei Chläuse. An der Seite des schenkenden Bischofs Nikolaus kommt der strafende Knecht Ruprecht.

Eine andere Sitte ist das Schulsilvester am 23. Dezember. Die Kinder haben an diesem Tag schon schulfrei und dürfen allerlei Unsinn machen. Sie stehen früh auf und ziehen mit Rasseln, Pfannendeckeln, Hörnern und allem, was ordentlich Krach macht, durch die Häuser. Anschließend gibt es in der Schule einen Imbiss.

Chlausebickli, Nussstängeli, Filebrood und Devisli. Hinter diesen interessant klingenden Namen steckt weihnachtliches Gebäck. Devisli ist ein mit Model geformtes Gebäck, das durch das Anmalen mit Lebensmittelfarbe verziert wird. Es dient hauptsächlich als Christbaumschmuck und als kleines Geschenk bei den „Chlausenezüüg" (Klausenumzüge). Zum Verzehren ist dieses kunstvoll verzierte Gebäck auch viel zu schade. Eine weit über die Schweiz beliebte Spezialität ist die Nusstorte aus dem Engadin und dem Wallis. Großer Beliebtheit erfreuen sich in der Weihnachtszeit auch außerhalb der Schweiz die Appenzeller Nussstängeli, Crucants aus dem Unterengadin, Glaner Spitzbuebe und Birewecke.

„Was isch das für äs Liechlti?" Am Fuße des Säntis schlängelt sich der 2 km lange Laternliweg durch die verschneiten Tannen. Der Märchenzauber auf der Schwägalp wird von 45 Laternli erleuchtet. Im Anschluss an diese Augenweiden lässt man bei einem Appenzeller Fondue oder Raclette die Eindrücke Revue passieren und genießt den gemütlichen Appenzeller Advent.

Das geht auch ganz wunderbar bei einem Bummel über den Appenzeller Christkindlimarkt.

In St. Gallen verwandelt sich die Altstadt in eine stimmungsvolle Weihnachtsstadt. Kleine Giebelhäuschen, festlich mit Tannenreisig und Girlanden geschmückt, reihen sich vom Gallusplatz bis zum Waaghaus aneinander. Sie verleihen der St. Gallener Altstadt einen einmaligen weihnachtlichen Charme.

Weihanchtsmarkt beim Kloster Einsiedeln SZ

Schlitteda

Die Weihnachtszeit beginnt im Appenzeller Vorland. In Heiden und
Wienacht werden für den Chlausenmarkt die Fenster, Türen und Fassaden
der Häuser mit Kränzen, Girlanden und Lichtern weihnachtlich geschmückt. Tausende von Besuchern reisen mit Sonderzügen der Appenzeller Bahn an, um bei Glühwein und regionalen Spezialitäten dieses ein-
malige Ambiente zu genießen. Nostalgische Karussells, Märchenerzähler
und eine Weihnachtsbackstube laden zum Mitmachen und Zuschauen ein.
Kunsthandwerk und regionale Produkte wie Käse, Würste und Wolle sind
beliebte Mitbringsel und Geschenke. In Herisau, Trogen und Appenzell
finden dann in den kommenden Tagen und Wochen weitere Chlausen-
märkte statt.
Viele machen auch eine wilde Schlittenfahrt durch die weiße Winter-
pracht. Im Engadin ist es die Schlitteda. Dabei stellen junge Burschen auf
bis zu 200 Jahre alten Pferdeschlitten ihr Können unter Beweis. Im Ap-
penzellerland werden Hornschlittenrennen veranstaltet. Das bekannteste
findet im Januar am Surugge statt. Mit originalgetreuen Kostümen sausen
die Männer auf den alten Transportmitteln den Hang hinunter. Diese
Gaudi wollen sich Hunderte von Zuschauern nicht entgehen lassen.

Vom Himmel

*Vom Himmel flügt uf d'Erde gschwind
's Christkindli hüt zu jedem Chind.
Es bringt es herzigs Bäumli mit,
wie's einzig nun im Himmel git.*

*Gling-ling, jetzt lütet's Glöggli ja!
Und d'Tür gahd uf — o lueged da!
Die Chugle-n-und die Lichtlipracht —
wie froh da eusers Herzli macht!*

*Christkindli, gell i eusem Hus
gseht's hüt fast wie-n-im Himmelus! —
Du bist so lieb wie's Müetti mi,
gell, ich törf ä dis Chindli si?*

C. BÜNZLI

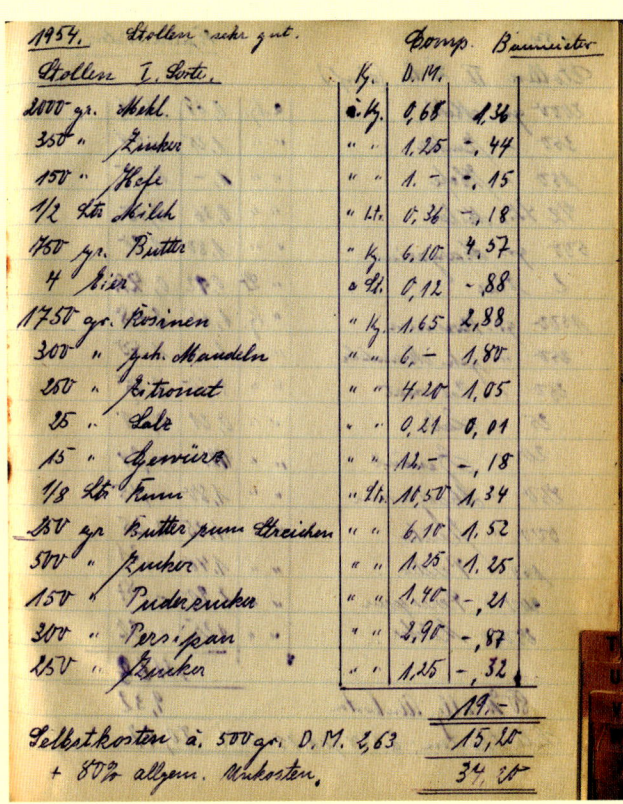

Gefüllte Kalbsbrust Bündner Art

ZUTATEN

800 g Kalbsbrust mit eingeschnittener Tasche
50 g Bündner Coppa in Scheiben
150 g Bündnerfleisch am Stück
4 Cornichons
200 g Kalbsbrät
Salz
Pfeffer
1 Karotte
1 Stück Sellerie
1 mit Lorbeer und Nelke gespickte Zwiebel
1 EL Öl
400 ml Fleischbouillon

ZUBEREITUNG

¶ Die Kalbsbrusttasche mit Coppa auslegen.
¶ Das Bündnerfleisch und die Cornichons in Würfel schneiden und mit dem Kalbsbrät vermischen. Die Kalbsbrusttasche mit der Mischung füllen und zunähen. Mit Salz und Pfeffer einreiben und in eine Kasserolle legen.
¶ Karotte und den Sellerie schälen und klein schneiden. Mit der gespickten Zwiebel um die Kalbsbrust in die Kasserolle legen.
¶ Das Öl erhitzen und über die Kalbsbrust gießen.
¶ In den auf 220 °C vorgeheizten Backofen schieben und 30 Minuten braten, zwischendurch einmal wenden. Die Bouillon dazugießen und die Temperatur auf 180 °C reduzieren. Eine weitere Stunde garen und immer wieder mit Bouillon übergießen.
¶ Vor dem Aufschneiden 5 Minuten ruhen lassen. Den Bratensaft durch ein Sieb gießen und eventuell binden. Sorgfältig aufschneiden, anrichten und mit der Soße genießen.
¶ Dazu Kartoffelstock (Kartoffelbrei) servieren.

Capuns

ZUTATEN

200 g Mehl
50 ml Milch
2 Eier
1 Prise Salz
20 g Speck
20 g Salsiz (ersatzweise Landjäger)
20 g Bündnerfleisch (ersatzweise Rohschinken)
1 Zwiebel oder etwas Lauch
10 g Butter
½ Tasse gehackte Kräuter (Petersilie,
    Schnittlauch, Basilikum, Rosmarin)
40 junge Mangoldblätter
1 EL Butter
200 ml Bouillon
100 ml Sahne
50 g geriebener Parmesan

ZUBEREITUNG

¶ Für den Teig Mehl, 1 Prise Salz, Eier und Milch mischen. Den Teig so lange kneten, bis er Blasen wirft. Eine halbe Stunde ruhen lassen.

¶ Speck, Salsiz, Bündnerfleisch und Zwiebel würfeln und in der Butter andünsten. Die Kräuter dazugeben, kurz mit andünsten und dann alles zum Teig geben.

¶ Die Mangoldblätter blanchieren und in kaltem Wasser abschrecken. Anschließend auf einem Küchentuch ausbreiten und auskühlen lassen.

¶ Kaffeelöffelgroße Teignocken auf jedes Blatt geben, zu Wickeln einklappen und aufrollen.

¶ Die Krautwickel kurz in Butter anbraten und mit der Bouillon ablöschen.

¶ Sahne hinzufügen und circa 5 Minuten köcheln lassen.

¶ Die Capuns auf Tellern anrichten und mit Parmesan bestreuen.

Walliser Nusstorte

ZUTATEN

350 g Mehl
250 g Butter
200 g Zucker
1 Prise Salz
1 TL abgeriebene Zitronenschale
1 Ei

FÜR DIE FÜLLUNG:
250 g Zucker
300 g grob gehackte Walnüsse
200 ml Sahne
3 EL Honig

ZUBEREITUNG

¶ Die Zutaten für den Teig rasch zu einem Mürbeteig verarbeiten, zu einer Kugel formen und zugedeckt 30 Minuten kühl stellen.

¶ Für die Füllung den Zucker in einer Pfanne zu hellem Karamell schmelzen. Die gehackten Walnüsse hinzugeben und kurz rösten. Mit der Sahne ablöschen und den Honig hinzufügen. Gut vermischen und die Masse etwas auskühlen lassen.

¶ Zwei Drittel des Teigs auf einer bemehlten Arbeitsfläche dünn ausrollen, eine Springform (Durchmesser 28cm) einfetten und mit dem Teig auskleiden, dabei einen Teigrand hochziehen.

Die noch unbedingt lauwarme Nussfüllung auf dem Boden verteilen.

¶ Aus dem restlichen Teig einen Deckel in der Größe der Springform ausrollen, mit einer Gabel mehrmals einstechen, auflegen und rundherum gut andrücken. Aus dem restlichen Teig Sterne ausstechen und auf den Deckel setzen.

¶ Die Torte im auf 180 °C vorgeheizten Backofen circa 50–60 Minuten backen.

¶ Mindestens einen Tag durchziehen lassen, erst dann servieren.

Glaner Spitzbuebe

ZUTATEN

300 g Mehl
150 g Butter
100 g Puderzucker
3 Eier
1 Päckchen Vanillezucker
50 g gemahlene Mandeln
50 g getrocknete Pflaumen
50 g getrocknete Aprikosen
2 getrocknete Apfelringe
1 EL Pflümli (Schweizer Zwetschgenwasser)
½ TL abgeriebene Zitronenschale
50 g Zucker
1 EL Sahne
1 EL Kondensmilch

ZUBEREITUNG

¶ Das Mehl in eine Schüssel sieben, die weiche Butter zugeben und mit einer Gabel zu Streuseln verarbeiten. Puderzucker darüber sieben und untermischen. Vanillezucker, 1 Ei und 1 Eigelb hinzufügen und kurz verkneten. Den Teig für 2 Stunden kalt stellen.

¶ Die Trockenfrüchte fein hacken und mit Mandeln, Pflümli, Zitronenschale, Zucker und Sahne vermischen.

¶ Den Teig auf einer bemehlten Arbeitsfläche dünn ausrollen. Runde Plätzchen (Durchmesser 4 cm) ausstechen.

¶ Die Hälfte der Plätzchen am Rand mit dem verquirlten Eiweiß vom zweiten Ei bepinseln und in die Mitte etwas von der Füllung geben.

¶ Die restlichen Plätzchen in der Mitte kreuzweise einschneiden und über die Füllung stülpen. Die Plätzchen am Rand festdrücken und auf ein mit Backpapier ausgelegtes Backblech setzen.

¶ Das dritte Ei mit der Kondensmilch verrühren und die Plätzchen damit bestreichen. Eine Stunde ruhen lassen.

¶ Im vorgeheizten Backofen bei 180 °C circa 20 Minuten backen.

Crucants aus dem Unterengadin

ZUTATEN

350 g Mandelstifte
200 g Butter
225 g Zucker
225 g Mehl
1 Ei
1 TL Zimt
1 Prise Salz
1 Ei zum Bestreichen

ZUBEREITUNG

¶ Butter, Mehl, Zucker, Ei, Salz und Zimt zu einem glatten Teig kneten. Die Mandeln hinzugeben und nochmals durcharbeiten. Teigrollen von 10 cm Länge formen. Für circa 3 Stunden in den Kühlschrank stellen.

¶ In 1 cm dicke Scheiben schneiden. Auf ein mit Backpapier belegtes Backblech setzen und mit dem verquirlten Ei bestreichen.

¶ Im vorgeheizten Backofen bei 200 °C circa 15 Minuten goldgelb backen.

Es kam die gnadenvolle Nacht

1. Es kam die gna-den-vol - le Nacht, wie leuch-tet's dir des Mor - gens Strahl, wie fun-kelt's dir der Ster-ne Schar, da Je-sus Christ ge-bo-ren war!

Es kam die gnadenvolle Nacht,
die leuchtet's dir die gold'ne Pracht,
wie schallet's dir der Glocken Schall,
da Jesus Christ geboren war.

Es kam die gnadenvolle Nacht,
die uns den hellsten Tag gebracht.
Wie freute sich der Engel Schar,
da Jesus Christ geboren war.

Froh jubelte der Engel Heer:
„Gott im Himmel, Gott sei Ehr!"
Und Friede, Freud'und Seligkeit
herrscht auf Erden weit und breit.

VOLKSTÜMLICHE MELODIE AUS DER SCHWEIZ

Scherenschnitt

MATERIAL

Scherenschnittpapier oder Faltpapier
spitze Schere

ANLEITUNG

¶ Das Papier in der Mitte falten. Nach Belieben
noch mehrmals falten, das macht den Scherenschnitt feiner und filigraner.
¶ Das gewünschte Motiv mit einer spitzen Schere
 ausschneiden.
¶ Den Scherenschnitt vorsichtig auseinanderfalten. In einen Bilderrahmen legen oder auf
eine Tonpapierkarte kleben.

WEIHNACHTSBRÄUCHE UNSERER FAMILIE

WEIHNACHTSBRÄUCHE UNSERER FAMILIE

WEIHNACHTSBRÄUCHE UNSERER FAMILIE

UNSERE WEIHNACHTLICHEN REZEPTE

UNSERE WEIHNACHTLICHEN REZEPTE

UNSERE WEIHNACHTLICHEN REZEPTE

UNSERE WEIHNACHTLICHEN REZEPTE

UNSERE WEIHNACHTLICHEN REZEPTE

REZEPT-REGISTER

BASTELEIEN

STICHWORTVERZEICHNIS

GEDICHTE

LIEDER

DIE LIEDER AUF DER CD:

1. **Glocken der Dresdner Kreuzkirche** 1:16

2. **Lasst uns froh und munter sein** 1:56
   M. u. T.: traditionell

3. **Morgen, Kinder, wird's was geben** 2:13
   Marshall & Alexander
   M. u. T.: Trad./Bearb. Wolfgang Drechsler
   Verlag: Spring & Fall Musik

4. **O Tannenbaum** 1:56
   M. u. T.: August Zarnack, Ernst Anschütz

5. **Morgen kommt der Weihnachtsmann** 1:37
   M. u. T.: Karl Gottlieb Hering

6. **Alle Jahre wieder** 2:22
   Marshall & Alexander
   M. u. T.: Trad./Bearb. Jo Plee, Marc Marshall
   Verlag: Don Hilgro Musikverlag

7. **Kommet, ihr Hirten** 1:50
   Peter Schreier
   Altböhmisches Weihnachtslied

8. **Ihr Kinderlein kommet** 2:51
   M. u T.:traditionell

9. **Leise rieselt der Schnee** 2:15
   M. u. T.: Eduard Ebel

10. **Es wird scho glei dumper** 2:12
    Marshall & Alexander
    M. u. T.: Trad./Bearb. Klaus Jäckle, Marc Marshall
    Verlag: Don Hilgro Musikverlag

11. **Auf dem Berge, da wehet der Wind** 1:30
    Peter Schreier
    M. u. T.: nach Christoph A. Tiedge

12. **Still, still, still ...** 2:31
    M. u. T.: Volksweise aus dem Salzkammergut

13. **O Jesulein zart** 2:23
    Peter Schreier
    M. u. T.: Samuel Scheidt/Valentin bearbeitet nach einem
    bezifferten Original-Generalbass von Johann Sebastian
    Bach

14. **Macht hoch die Tür** 5:17
    Dresdner Kreuzchor Rudolf Mauersberger
    M. u. T.: Trad./Bearb. Rudolf Mauserberger

15. **In dulci jubilo** 2:39
    Thomanerchor Leipzig
    M. u. T.: Joseph Klug, Hannoversches Gesangbuch
    bearbeitet unter Einbeziehung Bach'scher Originalsätze

16. **Kling', Glöckchen, klingeling** 2:13
    M. u. T.: Karl Enslin

17. **Am Weihnachtsbaume die Lichter
    brennen** 2:15
    M. u. T.: Hermann Kletke

18. **Vom Himmel hoch, da komm' ich
    her** 2:05
    Peter Schreier
    M. u. T.: Valentin Schumann, Martin Luther,
    bearbeitet unter Einbeziehung Bach'scher Originalsätze

19. **Fröhliche Weihnacht überall** 1:45
    M. u. T.: englische Volksweise

20. **Schlaf wohl, du Himmelsknabe du** 2:17
    Peter Schreier
    M. u. T.: Karl Neuner, Daniel Schubarth

21. **Stille Nacht, heilige Nacht!** 3:08
    Thomanerchor Leipzig
    M. u. T.: Franz Gruber, Joseph Mohr

22. **Glocken der Dresdner Kreuzkirche** 2:30

BILDNACHWEIS

akg-images: S. 5, 62, 131, 191; Archiv des Bamberg Tourismus & Kongress Service: S. 97; Basel Tourismus: S. 197, 199; Berlin Tourismus Marketing GmbH: S. 28, 31; CMT Cottbus GmbH: S. 29; Dresden-Werbung und Tourismus GmbH/Christoph Münch: S. 44 oben, 45; Food & Foto, Hamburg: S. 85, 215; Sven Gellert: S. 22, 165 unten, 170; iStockphoto: S. 14 oben, 17, 18, 24, 33, 34 unten, 36, 37 unten, 48, 49, 50, 57, 67, 69 oben, 71, 74, 75, 76, 77, 79, 84, 102, 113, 114, 119, 120, 127 unten, 134, 142, 143, 147, 148, 149, 150, 155 oben, 157, 160 unten, 163, 174, 175 rechts, 176, 177, 179, 183, 184, 195, 208, 209, 214; Christina Keim: S. 32, 69 unten, 90, 100 unten, 111, 155 unten, 156, 175 links, 186, 187, ; Anja Kleis: S. 12 oben, 44 unten, 125; Peter Löhndorf: S. 11, 14 unten, 238/239; Lüneburg Marketing GmbH: S. 21; Matrix Typographie und Gestaltung: S. 23; Österreich Werbung/OEW Bildarchiv: S. 166; Österreich Werbung/Fankhauser: S. 165 oben; Österreich Werbung/Lechleitner: S. 129; Österreich Werbung/Markowitsch: S. 139, 164; Österreich Werbung/Semrad: S. 154; Österreich Werbung/Weinhaeupl W.: S. 130; St. Niklausengesellschaft Küssnacht: S. 205; Gerd Schröder: S. 20, 27, 35, 42, 52, 54, 61, 70, 82, 92, 104, 110, 117, 123, 128, 137, 145, 153, 162, 173, 182, 188, 196, 203, 210, 218; Katrin Seele: S. 10, 103; Christof Sonderegger: S. 100 oben, 207, 211, 212, 213; Privatsammlung Renate Sörensen: S. 8, 9, 83, 96, 140, 198; StockFood: S. 16, 25, 34 oben, 39, 41, 56, 68, 78, 87, 88, 89, 106, 108, 115, 121, 126, 127 oben, 133, 135, 159, 160 oben, 169, 178, 193, 194, 200, 201; Südtirol Marketing Gesellschaft (SMG) – Alto Adige Marketing: S. 2/3, 189, 190, 192; Thüringer Tourismus GmbH/Barbara Neumann: S. 54; Thüringer Tourismus GmbH/Hans-P. Szyszka: S. 53; Thüringer Tourismus GmbH/Matthias Kaiser: S. 55; Tourismusamt München/B. Roemmelt: S. 93, 94, 95; Tourismusamt München/M. Ginkel: S. 38; Tourist- und Freizeitbetriebe der Stadt Tönning: S. 13; Tourismuszentrale Stralsund: S. 15; Vorarlberg Tourismus GmbH: S. 124 ; Holger Wacht: S. 10; Zürich Tourismus: S. 204, 205, 206.

Wir haben uns bemüht, in allen Fällen den Rechteinhaber zu ermitteln. Sollten wir trotzdem jemanden vergessen haben, wenden Sie sich bitte an den Verlag.

DANKSAGUNG

Wir danken folgenden Personen, Städten, Regionen und Tourismuseinrichtungen herzlich für ihre Mitwirkung und das Bereitstellen von Bildmaterial:

Franz Hess; **Anja Kleis**; **Peter Löhndorf**; **Katrin Seele**; **Holger Wacht**; **Bamberg**: Bamberg Tourismus & Kongress Service, www.bamberg.info; **Basel**: Basel Tourismus, www.basel.com; **Berlin**: Hotels. Tickets. Infos erhalten Sie bei der Berlin Tourismus Marketing GmbH (BTM), www.visitberlin.de, Tel.: +49 (0)30 25 00 25, Fax: +49 (0)30 25 00 24 24, BERLIN infostores: Hauptbahnhof (Ebene 0 / Eingang Nord, Europa Platz 1), Neues Kranzler Eck (Passage, Kurfürsten-damm 21), Brandenburger Tor, Alexa Shoppingcenter (nahe Alexanderplatz) und Pavillon am Reichstag; **Cottbus**: CMT Cottbus GmbH; www.cmt-cottbus.de; **Dresden**: Dresden-Werbung und Tourismus GmbH, www.dresden-touristik.de; **Lüneburg**: Lüneburg Marketing GmbH, www.lueneburg.de; **Österreich**: Österreich Werbung, www.austria.info; **Südtirol**: Südtirol Marketing Gesellschaft (SMG) – Alto Adige Marketing, www.smg.bz.it; **Thüringen**: Thüringer Tourismus GmbH, www.thueringen-tourismus.de; **München**: Tourismus-amt München, www.muenchen-tourist.de; **Tönning**: Tourist- und Freizeitbetriebe der Stadt Tönning, www.toenning.de; **Stralsund**: Tourismuszentrale Stralsund, www.stralsund tourismus.de; **Vorarlberg**: Vorarlberg Tourismus GmbH, www.vorarlberg.travel; **Zürich**: Zürich Tourismus, Tourist Service im Hauptbahnhof, 8023 Zürich, Infos: Tel. +41 44 215 40 00, Fax +41 44 215 40 44, information@zuerich.com, Hotel-Reservierung: Tel. +41 44 215 40 40, Fax +41 44 215 40 44, hotel@zuerich.com, Website: www.zuerich.com

IMPRESSUM

Die Verwertung der Texte und Bilder, auch auszugs-
weise, ist ohne Zustimmung des Verlags rechtswidrig
und strafbar. Dies gilt auch für Vervielfältigungen,
Übersetzungen, Mikroverfilmungen und für die Ver-
arbeitung mit elektronischen Systemen.

Die Ratschläge in diesem Buch wurden von Autoren
und Verlag sorgfältig erwogen und geprüft, dennoch
kann eine Garantie nicht übernommen werden. Eine
Haftung der Autoren bzw. des Verlags und seiner
Beauftragten für Personen-, Sach- oder Vermögens-
schäden ist ausgeschlossen.

Moewig ist ein Imprint der edel entertainment GmbH
© edel entertainment GmbH, Hamburg
www.moewig.de   www.edel.de

Lektorat: IMKE SÖRENSEN, Hamburg
Illustrationen: GERD SCHRÖDER, Hamburg
Notensatz: JÜRGEN GRIMM, Köln
Gestaltung und Satz: JOHANNES STEIL, Hamburg,
www.brotschrift.de

Einbandabbildung: akg-images

Diesem Buch liegt eine CD bei

Alle Rechte vorbehalten

Printed in Germany

ISBN 978-3-86803-238-3